聞いて覚えるコーパス英文法

キク中学英文法

一杉武史 編著

JN012748

アルク
www.alc.co.jp

英語の超人になる!
アルク学参シリーズ

「英語の超人になる!」
アルク学参シリーズ刊行に寄せて

大学受験のために必死で勉強する、これは素晴らしい経験です。しかし、単に大学に合格さえすればよいのでしょうか? 現在の日本に必要なのは、世界中の人々とコミュニケーションをとり、国際規模で活躍できる人材です。総理大臣になってアメリカ大統領と英語で会談したり、ノーベル賞を受賞して英語で受賞スピーチを行ったり、そんなグローバルな「地球人」こそ求められているのです。アルクは、大学受験英語を越えた、地球規模で活躍できる人材育成のために、英語の学習参考書シリーズを刊行いたします。

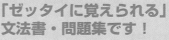

1日わずか2項目 3分でもOK! 39日後には、中学英語で必須の 78の文法項目が身につく！

『キク中学英文法』は、わずか39日間で中学英語必須の文法項目78をマスターできる文法書・問題集です。一般に、このレベルの文法力と一定の語彙力があり、「聞く・話す」練習をしていれば、日常会話を楽しむことができると言われています。でも、「本当に39日間で身につくの?」と疑問に思う人もいるでしょう。でも「本当」です。

その理由は、文法項目の選定法と1日の学習量にあります。項目を選ぶ際には、全47都道府県の過去10年間の公立高校入試問題に加え、膨大な数の書き言葉・話し言葉を集めた「コーパス」を徹底的に分析し、本当に「使われる」項目を絞り込みました。また、1日の学習量を2項目に限定し、39日間の「スケジュール学習」を採用していますので、ムリなく、ムダなく中学英文法をマスターできます。

中学英文法は 英語力の「土台」 「読んで」基礎を固め、「聞いて」「音読」して、総合力を身につけよう！

せっかくの文法力も、使わなければ「宝の持ち腐れ」です。中学レベルの文法は英語力の「土台」ですが、「読める」から「聞ける」、さらに「話せる」ようになるには、「読む」だけの学習では不十分です。本書では、文法を「耳」から覚えるための音声が用意されています。さらに、「音読する＝読む」学習も取り入れていますので、コミュニケーション力も身につきます。

本書で扱う78の項目をマスターすれば、一定の範囲内で「話す・書く」ことができる素地が完成します。あとは、単語力・熟語力をつけていけば、ネイティブと日常会話を楽しめるようになる日が来るはずです。中学英文法を「卒業」した後は、大学入試レベルの『キク英文法』に挑戦して、文法力をさらにつけていってください。応援しています！

Contents

**1日2ルール×39日間で、
中学レベルの
78の文法ルールを完全マスター!**

音声のダウンロードについて
本書の音声はダウンロードでお聞きいただけます。

パソコンでダウンロードする場合
以下のURLで「アルク・ダウンロードセンター」にアクセスの上、画面の指示に従って、音声ファイルをダウンロードしてください。
URL：https://portal-dlc.alc.co.jp

スマートフォンでダウンロードする場合
下記のURLから学習用アプリ「booco」をインストールの上、ホーム画面下「さがす」から本書を検索し、音声ファイルをダウンロードしてください。
URL：https://booco.page.link/4zHd

本書の4大特長

1

過去の高校入試問題を
完全分析！

だから

中学英語で必修の
文法項目を網羅！

『キク中学英文法』の目標は、中学
英語で必修の文法項目を押さえるだ
けでなく、そこから「聞く」「話す」
「書く」といった「実用英語」に対
応できる英語力をいかに身につけて
もらうかにあります。文法項目の選
定にあたっては、過去10年間の公立
高校入試問題のデータに加え、コー
パス*のデータを徹底的に分析。単
に高校入試を突破するだけなく、将
来英語を使って活躍するために必要
な「英語力の土台」をマスターでき
ます。

*コーパス：実際に話されたり書かれたりし
た言葉を大量に収集した「言語テキスト・デ
ータベース」のこと。コーパスを分析する
と、どのような表現・言い回しがどのくらい
の頻度で使われるのか、といったことを客観
的に調べられるので、辞書の編さんの際など
に活用されている。

2

「目」と「耳」を
フル活用して覚える！

だから

「聞く中学英文法」！
日常会話にも文法が効く！

「読む」だけでは、言葉は決して身
につきません。私たちが日本語を習
得できたのは、赤ちゃんのころから
日本語を繰り返し「聞いてきた」か
ら──『キク中学英文法』は、この
「当たり前のこと」にこだわり抜き
ました。本書では、例文と問題文の
音声を用意。「目」と「耳」から同
時に文法をインプットしていきます
ので、「覚えられない」不安を一発
解消。日常会話に必要なリスニング
力も身につきます。

『キク中学英文法』では、全47都道府県の過去10年間の公立高校入試問題を分析していますので、新たに学習指導要領に加わった感嘆文・現在完了進行形・仮定法過去を含め、中学で学ぶ文法項目を過不足なく身につけることができます。その上で「いかに文法を定着させるか」、そして文法を気にすることなく「いかに英語を使いこなせるようになるか」——このことを私たちは最も重視しました。ここでは、なぜ「使える」のか、そしてなぜ「覚えられる」のかに関して、本書の特長をご紹介します。

3

1日わずか2項目×39日間、18のチャプターで中学英文法を制覇！

ムリなくマスターできる！

「継続は力なり」、とは分かっていても、続けるのは大変なことです。では、なぜ「大変」なのか？ それは、覚えきれないほどの文法項目を1度にムリに詰め込もうとするからです。本書では、「ゼッタイに覚える」ことを前提に、1日の学習項目数をあえて2つに抑えています。さらに、計39日の「スケジュール学習」ですので、ペースをつかみながら、効率的・効果的に文法をマスターしていくことができます。

4

生活スタイルで選べる3つの「モード学習」を用意！

1日最短3分、最長9分でOK！

今まで文法書・問題集を手にしたとき、「どこからどこまでやればいいのだろう？」と思ったことはありませんか？ 例文と文法解説、問題演習、問題解説……1度に目を通すのは、忙しいときには難しいものです。本書は、Check 1（文法解説）→ Check 2（問題演習）→ Check 3（問題解説）と、3つのチェックポイントごとに学習できる「モード学習」を用意。生活スタイルやその日の忙しさに合わせて、学習量を調整することができます。

生活スタイルに合わせて選べる
Check 1▸2▸3の「モード学習」
本書とダウンロード音声の利用法

Check 1

まずは、例文と訳をチェック。学習する文法項目に関係する部分には色がついていますので、特に注意するようにしましょう。その後に解説を読んで文法項目を押さえ、該当の音声トラックで例文を聞きましょう。

Check 2

Check 1で文法項目を押さえたら、その項目を扱った文法問題にチャレンジ。問題を解くことで、学習している文法項目の定着度を確認することができます。解答は右ページにあります。

Check 3

Check 2の練習問題の解説を読んで、その文法項目をフィニッシュ。解説の後は、該当の音声トラックで問題文を聞きましょう。

語注

例文と練習問題には、語注が適宜つけられていますので、語彙力・熟語力も身につきます。例文中に難しい語や表現がある場合に確認しましょう。練習問題を最初に解く際には、語注はなるべく見ないようにしましょう。

補足・追加事項

文法解説の補足や追加事項、覚えておきたい表現などがまとめられています。時間に余裕がある場合は、確認するようにしましょう。

1日の学習量は4ページ、学習する文法項目数は2つとなっています。1つの文法項目につき、例文と文法解説を押さえる「Check 1」、問題演習にチャレンジする「Check 2」、問題解説を確認する「Check 3」の3つの「モード学習」が用意されています。項目ごとに、例文と問題文がダウンロード音声に収められています。文法解説と問題解説を読み終わったら、該当の音声トラックを呼び出して「耳」からも文法をインプットしましょう。

こんなキミにオススメ！
3つの「学習モード」

とりあえず基礎文法を
押さえたいA君には！

チェックモード
Check 1

学習時間の目安：1日3分

とにかく忙しくて、できれば文法学習は短時間で済ませたい人にオススメなのが、Check 1だけの「チェックモード」。本書を文法書としてのみ活用したい人は、Check 1だけでOK！

文法問題をラクラク
こなしたいBさんには！

チャレンジモード
Check 1▶Check 2

学習時間の目安：1日6分

そこそこ英語はできるけど、さらなる文法力アップが必要だと感じている人にオススメなのが、Check 2まで学習するチャレンジモード。本書を問題集として活用したい人は、Check 2だけでOK！

問題解説までじっくりと
取り組みたいC君には！

フィニッシュモード
Check 1▶Check 2▶Check 3

学習時間の目安：1日9分

やるからには完ぺきにしなければ気が済まない人には「フィニッシュモード」がオススメ。ここまでやっても学習時間はたったの9分！

＊学習時間はあくまでも目安です。時間に余裕があるときは、音声を繰り返し聞いたり、例文・問題文の音読を重ねたりして、文法力の定着を図りましょう。
＊ダウンロード音声にはDay学習部の例文と問題文のみが収録されています。

【記号説明】

- ・MP3-001：「ダウンロード音声のトラック1を呼び出してください」という意味です。
- ・英文中の（　）：省略可能を表します。
- ・英文中の［　］：言い換え可能を表します。
- ・英文中のS、V、O、C：それぞれ、S＝主語、V＝動詞、O＝目的語、C＝補語を表します。
- ・英文中のA、B：語句が入ることを表します。
- ・英文中のbe：be動詞が入ることを表します。be動詞は、人称・時制によって変化します。
- ・英文中のdo：動詞（の原形）が入ることを表します。
- ・英文中のdoing：動名詞または現在分詞が入ることを表します。
- ・英文中のdone：過去分詞が入ることを表します。
- ・英文中のoneself：再帰代名詞が入ることを表します。主語によって再帰代名詞は異なります。
- ・英文中の「～」「. . .」：「主語＋動詞～」が入ることを表します。主語が入っている場合は、主語を除く文の要素が入ることを表します。また、「. . .」は英文の一部を省略していることを表す場合があります。
- ・🔄：「以下を参照」という意味です。
- ・➕α：補足・追加解説を表します。
- ・解説和文中の（　）：補足説明を表します。
- ・解説和文中の［　］：言い換えを表します。

Chapter
1

主語と動詞

Chapter 1のスタートです！
このChapterでは、英語の主
語と動詞の役割を押さえま
す。まずは、日本語と英語の
語順の共通点と相違点から見
ていきましょう。

英語でコレ言える？

ドアを閉めなさい。
Close (　) door.

答えは Rule 04 でチェック！

それでは Day 学習をスタート！　例文を読む→解説を読む→音声を聞く→問題を解く→解説を読む→音声を聞くの順番で進めよう！

□ Rule 01 | 日本語と英語の語順の共通点

□ 01-1 「形容詞＋名詞」の語順は同じ

❶ a pleasant night
　　形容詞 → 名詞

（楽しい夜）

❷ a very pleasant night
　　副詞 → 形容詞

（とても楽しい夜）

□ **pleasant** : 楽しい

□ 01-2 「主語（S）＋動詞（V）」の語順は同じ

A very pleasant night ended.
　　　　　S　　　　　　　V

（とても楽しい夜が終わった）

□ **ended** : end（終わる）の過去形

□ Rule 02 | 日本語と英語の語順の相違点

□ 02-1 動詞（V）の後に補語（C）・目的語（O）が来る

❶ She is my girlfriend.
　　S　V　　C

（彼女は私のガールフレンドだ）

❷ I like skateboarding.
　S　V　　　O

（私はスケートボードが好きだ）

□ **skateboarding** : スケートボード（をすること）

□ 02-2 前置詞の後に目的語（O）が来る

We arrived　in the city　before　dark.
　　　　　前置詞　　O　　前置詞　　O

（日暮れ前に私たちはその街に着いた）

□ **arrived** : arrive（到着する、着く）の過去形　□ **before dark** : 日暮れ前に

Chapter 1
主語と動詞

Chapter 2
文型

Chapter 3
文の種類

Chapter 4
時制

Chapter 5
助動詞

Chapter 6
形容詞

Chapter 7
代名詞

Chapter 8
副詞

Chapter 9
不定詞

Chapter 10
動名詞

Chapter 11
分詞

Chapter 12
受動態

Chapter 13
疑問詞

Chapter 14
比較

Chapter 15
接続詞

Chapter 16
仮定法過去

Chapter 17
関係代名詞

Chapter 18
前置詞

Check 1 Ruleをチェック!

Listen 》 解説を読んだら、MP3-001で左ページの英文を聞いてみよう。

形容詞が名詞を修飾する場合、「形容詞＋名詞」という語順は日本語と同じになります（「→」は直後の語を修飾していることを表します）。また、❷のveryのように、程度を表す副詞が形容詞（ここではpleasant）を修飾する場合も「副詞＋形容詞」という語順は日本語と同じになります。

+α 形容詞とは?：名詞の性質や状態を表す語 [Chapter 6]
+α 副詞とは?：動詞・形容詞・副詞を修飾する語 [Chapter 8]
+α 不定冠詞のa：数えられる名詞の単数形につく [Rule 04-2]

英語で「～が…する」だけを表す場合、語順は日本語と同じになります。例文では、A very pleasant night（とても楽しい夜）が主語（S）で、ended（終わった）が動詞（V）になっています。

+α 動詞とは?：人や物の動作や状態などを表す語 [Rule 05、06]
+α 第1文型 [Rule 07-1]

Listen 》 解説を読んだら、MP3-003で左ページの英文を聞いてみよう。

日本語の「SはCである（V）」が英語では「S＋V（である）＋C」、日本語の「SはOをVする」が英語では「S＋V＋O」の語順になります。主語の状態や性質を説明する語を補語（C）、日本語の「～を…する」の「～を」に当たる語を目的語（O）と呼びます。

+α be動詞と一般動詞 [Rule 05、06]
+α 第2文型 [Rule 08]
+α 第3文型 [Rule 09-1]

日本語の「～に」「～へ」「～で」などが英語では「に～」「へ～」「で～」の語順になります。この「に」「へ」「で」などに当たる語を前置詞と呼び、「前置詞＋名詞」の固まりで時・場所・理由・目的などを表します [Chapter 18]。例文では、日本語の「その街＋に」「日暮れ＋前に」が、英語では「in＋the city」、「before＋dark」と逆の語順になっていることを確認しましょう。

Check 2 Exerciseにチャレンジ!

☐ Rule 01 Exercise | 日本語と英語の語順の共通点

☐ 01-1 日本語の内容に合うようにカッコ内の語句を並べ替えよう。

とても暑い日

(hot / very / day / a)

▶

☐ 01-2 日本語の内容に合うようにカッコ内の語句を並べ替えよう。

とても長い会議が終わった。

A (meeting / long / ended / very).

▶

☐ Rule 02 Exercise | 日本語と英語の語順の相違点

☐ 02-1 日本語の内容に合うようにカッコ内の語句を並べ替えよう。

彼の兄は野球選手だ。

His (player / is / brother / a / baseball).

▶

☐ 02-2 日本語の内容に合うようにカッコ内の語句を並べ替えよう。

彼女は午前7時にニューヨークに着いた。

She (New York / arrived / in) at 7 a.m.

▶

Check 3 Pointを押さえてフィニッシュ！

Listen 》 解説を読んだら、**MP3-002**で左ページの英文を聞いてみよう。

【解答】 a very hot day

「副詞＋形容詞＋名詞」の語順は日本語と同じです。ここではhotが形容詞、veryが副詞、dayが名詞、aが不定冠詞ですので、a very hot dayの語順になります。

Chapter 2
文型

Chapter 3
文の種類

Chapter 4
時制

Chapter 5
助動詞

【解答】 A very long meeting ended.

「～が…する」だけなら、語順は日本語と同じです。ここでは主語がA very long meeting（とても長い会議）、動詞がended（終わった）になります。

Chapter 6
形容詞

Chapter 7
代名詞

Chapter 8
副詞

Chapter 9
不定詞

Listen 》 解説を読んだら、**MP3-004**で左ページの英文を聞いてみよう。

【解答】 His brother is a baseball player.

主語と補語を動詞（is）で結びます。主語は「彼の兄（His brother）」、補語は「野球選手（a baseball player）」で、これを動詞（is）で結びます。

Chapter 11
分詞

Chapter 12
受動態

Chapter 13
疑問詞

Chapter 14
比較

【解答】 She arrived in New York at 7 a.m.

「前置詞＋名詞」の語順を押さえましょう。日本語の「ニューヨーク＋に」「午前7時＋に」は、それぞれ「in（前置詞）＋New York（名詞）」「at（前置詞）＋7 a.m.（名詞）」と逆の語順になります。

Chapter 15
接続詞

Chapter 16
仮定法過去

Chapter 17
関係代名詞

Chapter 18
前置詞

Day 2　主語と動詞2

Day 2では「人称代名詞」と「名詞と冠詞」をチェック。人称代名詞では「格変化」、名詞では「可算・不可算」に注意しよう。

☐ Rule 03 │ 人称代名詞

☐ 03-1 **主格**

❶ **I live in Sapporo.**
（私は札幌に住んでいる）

❷ **You are so sweet.**
（あなたはとても優しい）

❸ **He became a writer.**
（彼は作家になった）

☐ sweet：優しい、親切な　☐ writer：作家

☐ 03-2 **所有格、目的格**

❶ **Our team beat them.**
（私たちのチームは彼らを破った）

❷ **She is my favorite actor.**
（彼女は私の大好きな俳優だ）

❸ **His father gave the watch to him.**
（彼の父はその腕時計を彼にあげた）

☐ beat：beat（〜を破る、負かす）の過去形　☐ favorite：大好きな

☐ Rule 04 │ 名詞と冠詞

☐ 04-1 **可算名詞と不可算名詞**

❶ **I have one dog and two cats.**
（私はイヌ1匹とネコ2匹を飼っている）

❷ **We need air and water.**
（私たちには空気と水が必要だ）

☐ 04-2 **不定冠詞と定冠詞**

❶ **My son wants a new smartphone.**
（私の息子は新しいスマートフォンを欲しがっている）

❷ **Close the door.**
（ドアを閉めなさい）

Rule 03
▽
Rule 04

Chapter 1
主語と動詞

Chapter 2
文型

Chapter 3
文の種類

Chapter 4
時制

Chapter 5
助動詞

Chapter 6
形容詞

Chapter 7
代名詞

Chapter 8
副詞

Chapter 9
不定詞

Chapter 10
動名詞

Chapter 11
分詞

Chapter 12
受動態

Chapter 13
疑問詞

Chapter 14
比較

Chapter 15
接続詞

Chapter 16
仮定法過去

Chapter 17
関係代名詞

Chapter 18
前置詞

Check 1 Ruleをチェック!

Listen 》 解説を読んだら、MP3-005で左ページの英文を聞いてみよう。

人（または物）を表す代名詞を人称代名詞と呼びます。人称代名詞は、主語になるとき、所有を表すとき、目的語になるときに、それぞれ主格・所有格・目的格に変化します。
■主格：I（私は）、you（あなた［たち］は）、he（彼は）、she（彼女は）、it（それは）、we（私たちは）、they（彼［それ］らは）

➕α I と we を「1人称」、you を「2人称」、he、she、it、they を「3人称」と呼びます。

代名詞の所有格は「誰々の」という所有を表します。目的格は動詞と前置詞の目的語になります。❶のthemは動詞の目的語、❸のhimは前置詞の目的語になっています。
■所有格：my（私の）、your（あなた［たち］の）、his（彼の）、her（彼女の）、its（それの）、our（私たちの）、their（彼［それ］らの）
■目的格：me（私を）、you（あなた［たち］を）、him（彼を）、her（彼女を）、it（それを）、us（私たちを）、them（彼［それ］らを）

➕α 所有代名詞 ［🔲 Rule 36-1］

Listen 》 解説を読んだら、MP3-007で左ページの英文を聞いてみよう。

一定の形があり、1つの物として数えられる名詞を可算名詞と呼びます。対して、形はあるが区切ることができず、数えられない名詞や、抽象的な意味を表す名詞を不可算名詞と言います。❶のdog（イヌ）とcat（ネコ）は可算名詞、❷のair（空気）とwater（水）は不可算名詞です。可算名詞には単数形と複数形があり、複数形は普通、名詞に-sか-esをつけて作ります。

➕α 不規則変化の複数形：man（男）→men、woman（女）→women、child（子ども）→children、person（人）→people、tooth（歯）→teeth、foot（足）→feet

不定冠詞のaは可算名詞の単数形につき、不特定の1人の人・1つの物や、初めて話題に上る人・物を指す場合に使います。母音の発音で始まる名詞にはanがつきます。定冠詞のtheは可算名詞・不可算名詞のどちらにもつき、既に話題に上った人・物や、状況から特定できる人・物を指す場合に使います。❶のa new smartphoneは「不特定の1つのスマートフォン」、❷のthe doorは「状況から特定できるドア」を表しています。

➕α 命令文 ［🔲 Rule 13］

Check 2 Exercise にチャレンジ!

☐ Rule 03 Exercise | 人称代名詞

☐ 03-1 日本語の内容に合うようにカッコ内の語句を並べ替えよう。

彼らは福岡に住んでいる。

(in / they / Fukuoka / live). ▶

☐ 03-2 日本語の内容に合うようにカッコ内の語句を並べ替えよう。

彼らのチームは私たちを破った。

(beat / team / their / us). ▶

☐ Rule 04 Exercise | 名詞と冠詞

☐ 04-1 日本語の内容に合うようにカッコ内の語句を並べ替えよう。

私には息子が1人と娘が2人いる。

(and / one / I / son / daughters / have / two). ▶

☐ son：息子　☐ daughter：娘

☐ 04-2 日本語の内容に合うようにカッコ内の語句を並べ替えよう。

私の妻は新しいアイフォーンを欲しがっている。

My (wants / iPhone / a / wife / new). ▶

Check 3 Pointを押さえてフィニッシュ！

Listen 》 解説を読んだら、MP3-006で左ページの英文を聞いてみよう。

【解答】 They live in Fukuoka.

主格のtheyは、it（それは）の複数形の「それらは」も表します。例えば、Look at the flowers. They are beautiful!（その花々を見て。[それらは] 美しい!）のように使います。

【解答】 Their team beat us.

所有格の後には名詞が続きます。ここではtheir（彼らの）の後に、名詞のteamが置かれています。なお、she（彼女は）の所有格と目的格は、どちらもherで、Her parents love her.（彼女の両親は彼女を愛している）のように用います。

Listen 》 解説を読んだら、MP3-008で左ページの英文を聞いてみよう。

【解答】 I have one son and two daughters.

可算名詞の複数形は普通、名詞に-sか-esをつけて作ります。daughterの複数形はdaughtersです。語尾がs、x、sh、ch、子音字＋oで終わる語は、bus（バス）→ buses、dish（皿）→ dishes、tomato（トマト）→ tomatoesのように、-esをつけて複数形にします。また、子音字＋yで終わる語は、city（都市）→ citiesのように、yをiesにして複数形にします。

【解答】 My wife wants a new iPhone.

不特定の1つの物を表す場合、不定冠詞のaを使います。なお、この文が「新しいアイフォーン」ではなく「アイフォーン」だけならば、iPhoneは母音で始まっているので、My wife wants an iPhone.のように不定冠詞はanになります。

Day 3 主語と動詞3

Day 3では be 動詞と一般動詞の現在形・過去形をチェック。一般動詞の過去形には規則変化と不規則変化の2つがあるよ。

☐ Rule 05 | be 動詞の語形変化

☐ 05-1 be 動詞の現在形

❶ I am an IT engineer.
（私は IT エンジニアだ）

❷ You are right.
（あなたは正しい）

❸ John is my best friend.
（ジョンは私の親友だ）

☐ engineer：エンジニア、技術者　☐ right：正しい

☐ 05-2 be 動詞の過去形

❶ She was a bright girl.
（彼女は聡明な少女だった）

❷ They were very friendly.
（彼らはとても親切だった）

☐ bright：聡明な、頭のよい

☐ Rule 06 | 一般動詞の語形変化

☐ 06-1 一般動詞の現在形

❶ I get up at 6 a.m. on weekdays.
（私は平日は午前6時に起きる）

❷ He likes online games.
（彼はオンラインゲームが好きだ）

☐ get up：起きる　☐ weekday：（土日を除いた）平日（の1日）

☐ 06-2 一般動詞の過去形

❶ She played the violin very well.
（彼女はとても上手にバイオリンを弾いた）

❷ We went to the zoo yesterday.
（私たちは昨日動物園へ行った）

☐ zoo：動物園

Rule 05
Rule 06

Chapter 1
主語と動詞

Chapter 2
文型

Chapter 3
文の種類

Chapter 4
時制

Chapter 5
助動詞

Chapter 6
形容詞

Chapter 7
代名詞

Chapter 8
副詞

Chapter 9
不定詞

Chapter 10
動名詞

Chapter 11
分詞

Chapter 12
受動態

Chapter 13
疑問詞

Chapter 14
比較

Chapter 15
接続詞

Chapter 16
仮定法過去

Chapter 17
関係代名詞

Chapter 18
前置詞

Check 1 Ruleをチェック!

Listen)) 解説を読んだら、MP3-009で左ページの英文を聞いてみよう。

動詞は人や物の動作や状態などを表し、be動詞と一般動詞があります。be動詞は主語の人称・数・時制によって語形が変化します。be動詞の現在形は、「I」→am、「you, we, they」→are、「he, she, it」→isとなります。2人称のyouは単数・複数にかかわらず、be動詞の現在形はareです。主語が人称代名詞 [Rule 03-1] 以外の場合は、その名詞がどの人称代名詞に置き換えられるか考えます。例えば、❸のJohnは男性で単数なので人称代名詞はheです。従ってbe動詞の現在形はisとなります。

be動詞の過去形は、「I, he, she, it」→was、「you, we, they」→wereとなります。ここでも2人称のyouは、単数・複数にかかわらず、be動詞の過去形はwereを使います。

+α 人称にかかわらず、be動詞の原形はbe、過去分詞形 [Rule 49-2] はbeen、現在分詞形 [Rule 17-1] [Rule 49-1]・動名詞形 [Rule 47] はbeingとなります。

Listen)) 解説を読んだら、MP3-011で左ページの英文を聞いてみよう。

一般動詞の主語が3人称単数 (he, she, it) で現在形の場合、動詞に-sまたは-esをつけます。語尾がs、x、sh、ch、子音字+oで終わる語は、kiss→kisses、finish→finishes、go→goesのように、-esをつけます。また、子音字+yで終わる語は、carry→carriesのように、yをiesにします。haveは例外的にhasとなります。

一般動詞の過去形には規則変化と不規則変化があります。規則変化の動詞は、❶のように動詞に-edをつけます。不規則変化の動詞は、❷のgo→wentのように規則的には変化しないので注意しましょう。p.242に「不規則変化動詞表」があるので、主な動詞の過去形を確認しておきましょう。

+α -edのつけ方:eで終わる動詞:use→usedのように-dだけつけます。子音字+yで終わる動詞:cry→criedのようにyをiedにします。短母音+子音字で終わる動詞:stop→stoppedのように最後の子音字を重ねて-edをつけます。

Check 2 Exerciseにチャレンジ!

□ Rule 05 Exercise | be動詞の語形変化

□ 05-1 日本語の内容に合うようにカッコ内の語句を並べ替えよう。

あなたたちは優秀な生徒だ。

(good / are / students / you).

▶

□ 05-2 日本語の内容に合うようにカッコ内の語を正しい形に変えよう。

その映画はとても面白かった。

The movie (be) very interesting.

▶

□ Rule 06 Exercise | 一般動詞の語形変化

□ 06-1 日本語の内容に合うようにカッコ内の語を正しい形に変えよう。

ハナコにはたくさんの友だちがいる。

Hanako (have) a lot of friends.

▶

□ a lot of：たくさんの

□ 06-2 日本語の内容に合うようにカッコ内の語を正しい形に変えよう。

彼は昨夜、数学を勉強した。

He (study) math last night.

▶

□ math：数学（mathematics の短縮形）

Check 3 Pointを押さえてフィニッシュ！

Listen 》 解説を読んだら、**MP3-010**で左ページの英文を聞いてみよう。

【解答】 You are good students.

2人称のyouは単数・複数にかかわらず、be動詞の現在形はareです。例えば、問題文の日本語が「あなたは優秀な生徒だ」と主語が単数なら、You are a good student.となります。studentsが単数のstudentになり、不定冠詞のaがつくことに注意しましょう。

【解答】 was

主語が人称代名詞以外の場合は、その名詞がどの人称代名詞に置き換えられるか考えます。ここでは主語はThe movie（その映画）で、それに対応する人称代名詞はitですので、be動詞の過去形はwasとなります。

Listen 》 解説を読んだら、**MP3-012**で左ページの英文を聞いてみよう。

【解答】 has

一般動詞の主語が3人称単数で現在形の場合、動詞に-sまたは-esをつけますが、haveは例外的にhasになります。ここでは主語はHanako（＝she）なので、haveをhasにします。

【解答】 studied

語尾が子音字＋yで終わる動詞は、yをiedにして過去形を作ります。英語の過去形で大変なのは、不規則変化の動詞がたくさんあることです。暗記するというよりは、普段から英文を「聞く・声に出す」ことを心がけましょう。

☐ E001 私の母は私たちのために昼食を作った。

My mother made lunch for (we).

▶

☐ E002 私にはそこでたくさんのよい思い出がある。

I have many good (memory) there.

▶

☐ many：多くの　☐ memory：思い出　☐ there：そこで

☐ E003 彼女はリンゴ1つとオレンジ2つを買った。

She bought (a) apple and two oranges.

▶

☐ bought：buy（～を買う）の過去形

☐ E004 トニーと私は親友だった。

Tony and I (be) good friends.

▶

☐ E005 私の祖父は毎晩早めに寝る。

My grandfather (go) to bed early every night.

▶

☐ grandfather：祖父　☐ go to bed：寝る　☐ early：早めに、早く

☐ E006 去年の夏、私たちはスペインで2週間を過ごした。

We (spend) two weeks in Spain last summer.

▶

☐ spend：(時)を過ごす

Chapter 1の学習の仕上げとして、章末問題にチャレンジ! できなかった問題があったら、Chapter 1をもう1度復習しておこう。それでは、さっそくスタート!

E001
▼
E006

【解答】 us

前置詞の後には目的格が入ります。従って、weを目的格のusにすれば正しい文になります。

【解答】 memories

memory (思い出)の前にmany (多くの)があるので、単数形のmemoryを複数形にする必要があります。子音字+yで終わる語は、yをiesにして複数形にします。従って、正解はmemoriesになります。

【解答】 an

母音の発音で始まる名詞の不定冠詞はanになります。appleは母音の発音で始まる名詞なので、aをanにすれば正しい文になります。aをoneにしても同じ意味になりますが、oneのほうが「1つ」という数を強調するニュアンスになります。

【解答】 were

主語の人称と単数・複数に注意しましょう。問題文の主語はTony and I (トニーと私)なので、人称代名詞は1人称複数のwe (私たち)になります。日本語は「親友だった」と過去形になっているので、weのbe動詞の過去形wereが正解になります。

【解答】 goes

日本語は「毎晩…寝る」なので、動詞のgoは現在形となります。主語が3人称単数の場合、子音字+oで終わる語はgo→goesのように、-esをつけます。主語のMy grandfather (私の祖父)はheで表されるので、現在形はgoesになります。

【解答】 spent

不規則変化の動詞の過去形を押さえておきましょう。spendの過去形はspentです。p.242の「不規則変化動詞表」を活用しましょう。

Chapter 2

文型

Chapter 2では、文型をマスターしていきます。5つの文型と「There + be動詞」構文は英語の語順の基本なので、しっかりと押さえていきましょう。

Day 4
□ **Rule 07**：第1文型
□ **Rule 08**：第2文型
▸30
Day 5
□ **Rule 09**：第3文型と第4文型
□ **Rule 10**：第5文型と There + be動詞
▸34
End-of-Chapter Exercise
▸38

英語でコレ言える？

▼

みんなが彼をテッドと呼ぶ。
Everyone calls (　　) (　　).

▼

答えは Rule 10でチェック！

Day 4　文型1

☐ Rule 07 | 第1文型

☐ 07-1 第1文型1：S＋V

❶ The weather changes.
　　S　　　　　V
（天気は変化する）

❷ A funny thing happened.
　　　S　　　　　V
（おかしなことが起きた）

　☐ funny：おかしい、面白い　☐ happen：起こる

☐ 07-2 第1文型2：S＋V＋M

❶ The weather changes every day.
　　S　　　　　V　　　M
（天気は毎日変化する）

❷ A funny thing happened to me today.
　　　S　　　　　V　　M　　M
（おかしなことが今日私に起きた）

☐ Rule 08 | 第2文型

☐ 08-1 第2文型1：S＋V（be動詞）＋C

❶ The singer is my hero.
　　S　　　V　　C
（その歌手は私のヒーローだ）

❷ We were tired after work.
　　S　　V　　C　　M
（私たちは仕事の後で疲れていた）

☐ 08-2 第2文型2：S＋V（一般動詞）＋C

❶ The baby looks sleepy.
　　S　　　V　　C
（その赤ちゃんは眠そうに見える）

❷ I felt sad about the news.
　S　V　C　　M
（私はそのニュースを知って悲しく感じた）

☐ look：～（のよう）に見える　☐ sleepy：眠い、眠そうな　☐ feel：～と感じる　☐ sad：（～に関して）悲しい（about ～）

Check 1 Ruleをチェック！

Listen 》 解説を読んだら、**MP3-013**で左ページの英文を聞いてみよう。

「主語＋動詞」だけで成立している文を第1文型と呼びます。この場合、英語と日本語の語順は同じになります [→ Rule 01-2]。

第1文型のほとんどの文は、「主語＋動詞」の後に修飾語（M）を伴います。ここでの修飾語は、文の中で「いつ」「どこで」「どのように」など、主に動詞を修飾する語のことで、❶のevery day（毎日）は動詞のchanges（変わる）を、❷のto me（私に）、today（今日）は動詞のhappened（起きた）を修飾しています。修飾語は、第1文型だけでなく、すべての文型で多用されます。

+α 修飾語は、動詞のほかに、名詞・形容詞・副詞も修飾します。

Listen 》 解説を読んだら、**MP3-015**で左ページの英文を聞いてみよう。

動詞の後に主語の性質や状態を説明する補語が来て、「S＋V＋C」の語順を取る文を第2文型と呼びます。第2文型を作る動詞の代表格はbe動詞です。補語になる品詞は名詞と形容詞で、❶では名詞のmy hero（私のヒーロー）、❷では形容詞のtired（疲れた）が補語になっています。いずれも「S（主語）＝C（補語）」の関係になっていることを確認しましょう。

+α「人称代名詞＋be動詞」の短縮形：主に口語で用いられ、I am→I'm、You are→You're、He is→He's、She is→She's、It is→It's、We are→We're、They are→They'reのように短縮されます。

第2文型を作る動詞には、be動詞以外にも、become（〜になる）、turn（〜になる）、look（〜に見える）、sound（〜に聞こえる）、feel（〜と感じる）などがあります。これらの動詞でも、❶の「The baby（その赤ちゃん）＝sleepy（眠そうな）」、❷の「I（私）＝sad（悲しい）」のように、「S＝C」の関係になります。

+α 第1文型・第2文型を取る動詞を自動詞と呼びます。

Check 2 Exerciseにチャレンジ!

□ Rule 07 Exercise | 第1文型

□ 07-1 日本語の内容に合うようにカッコ内の語句を並べ替えよう。

スケジュールが変わった。

(changed / the / schedule). ▶

□ 07-2 日本語の内容に合うようにカッコ内の語句を並べ替えよう。

スケジュールが先週変わった。

The (week / schedule / changed / last). ▶

□ Rule 08 Exercise | 第2文型

□ 08-1 日本語の内容に合うようにカッコ内の語句を並べ替えよう。

彼らはよき隣人だ。

(good / are / they / neighbors). ▶

□ neighbor：隣人

□ 08-2 日本語の内容に合うように空所に入る語を❶〜❹から1つ選ぼう。

彼女の顔は赤くなった。

Her face ( ) red. ▶

❶ sounded ❷ smelled ❸ turned ❹ tasted

Listen))) 解説を読んだら、**MP3-014**で左ページの英文を聞いてみよう。

【解答】The schedule changed.

「主語＋動詞」だけの第1文型の語順は日本語と同じです。ただし、「主語＋動詞」だけで終わる文はほとんどありません。

【解答】The schedule changed last week.

「いつ」「どこで」といった修飾語は、動詞の後に置かれて情報を追加していきます。ここでは、last week（先週）という修飾語が、動詞changed（変わった）の後に続いています。ただし、強調したい場合などには、修飾語を文頭に置くこともあります。

Listen))) 解説を読んだら、**MP3-016**で左ページの英文を聞いてみよう。

【解答】They are good neighbors.

第2文型では、「S（主語）＝C（補語）」の関係が成り立ちます。ここでは「They（彼ら）＝good neighbors（よき隣人）」となっていることを確認しましょう。

【解答】❸

turnには「〜になる」という意味があり、第2文型を作ることができます。選択肢の現在形の意味は、それぞれ❶「〜に聞こえる」、❷「〜のにおいがする」、❸「〜になる」、❹「〜な味がする」で、いずれも第2文型で使われますが、日本語の内容に合う❸が正解になります。

□ Rule 09 | 第3文型と第4文型

□ 09-1 第3文型：S + V + O

❶ My wife speaks three languages.
　　　 S　　　　V　　　　　　 O

（私の妻は3カ国語を話す）

❷ Many people visit the festival every year.
　　　　 S　　　　 V　　　 O　　　　　 M

（多くの人たちが毎年そのフェスティバルを訪れる）

□ language：言語　□ festival：フェスティバル、祭典

□ 09-2 第4文型：S + V + O_1 + O_2

❶ He told me a true story.
　　 S　 V　 O_1　　 O_2

（彼は私に本当の話を伝えた）

❷ My parents bought me a bicycle.
　　　　 S　　　　 V　　　 O_1　　 O_2

（両親は私に自転車を買ってくれた）

□ true：本当［真実］の

□ Rule 10 | 第5文型とThere + be動詞

□ 10-1 第5文型：S + V + O + C

❶ Her smile made me happy.
　　 S　　　 V　　 O　 C

（彼女の笑顔は私を幸せにした）

❷ Everyone calls him Ted.
　　　 S　　　 V　 O　 C

（みんなが彼をテッドと呼ぶ）

□ 10-2 There + be動詞

❶ There are many ramen restaurants in this area.
（この地域には多くのラーメン店がある）

❷ There was a car accident in front of my house.
（私の家の前で自動車事故があった）

□ area：地域、地区　□ accident：事故　□ in front of A：Aの前で

Chapter 1
主語と動詞

Chapter 2
文型

Chapter 3
文の種類

Chapter 4
時制

Chapter 5
助動詞

Chapter 6
形容詞

Chapter 7
代名詞

Chapter 8
副詞

Chapter 9
不定詞

Chapter 10
動名詞

Chapter 11
分詞

Chapter 12
受動態

Chapter 13
疑問詞

Chapter 14
比較

Chapter 15
接続詞

Chapter 16
仮定法過去

Chapter 17
関係代名詞

Chapter 18
前置詞

Check 1 Ruleをチェック!

Listen 》》 解説を読んだら、MP3-017で左ページの英文を聞いてみよう。

動詞の後に目的語が1つ来て、「S＋V＋O」の語順を取る文を第3文型と呼びます。目的語になる品詞は、名詞と代名詞です。第2文型（「S＋V＋C」）では「S＝C」の関係になるのに対し、第3文型では「S≠O」となります。❶では「My wife（私の妻）≠three languages（3カ国語）」、❷では「Many people（多くの人たち）≠the festival（そのフェスティバル）」となっています。

+α 第3～5文型を取る動詞を他動詞と呼びます。

動詞の後に目的語が2つ来て、「S＋V＋O₁＋O₂（O₁にO₂を～する）」の語順を取る文を第4文型と呼びます。第4文型を取る動詞には、第3文型に書き換えると「S＋V＋O₁＋O₂」が「S＋V＋O₂＋to O₁」になるgive型と、「S＋V＋O₂＋for O₁」になるbuy型があります。

+α give型の主な動詞：give（与える）、send（送る）、show（見せる）、tell（伝える）
+α buy型の主な動詞：buy（買う）、cook（作る）、find（見つける）
+α O₁（～に）を間接目的語、O₂（～を）を直接目的語と呼びます。

Listen 》》 解説を読んだら、MP3-019で左ページの英文を聞いてみよう。

動詞の後に目的語と補語が来て、「S＋V＋O＋C」の語順を取る文を第5文型と呼びます。補語になる品詞は、名詞と形容詞です。この文型を取る動詞の代表格はmakeで、make O Cで「OをCにする」を表します。このほかにもcall O C（OをCと呼ぶ）、keep O C（OをCにしておく）、name O C（OをCと名づける）なども押さえておきましょう。

+α 第4文型と第5文型の見分け方：第4文型では「O₁≠O₂」の関係に、第5文型では「O＝C」（例文では❶「me＝happy」、❷「him＝Ted」）の関係になります。

「There＋be動詞（～がある）」構文の主語はbe動詞の後に来ます。be動詞の後に来る主語が単数か複数かでbe動詞が変わることに注意しましょう。❶の主語はmany ramen restaurants（多くのラーメン店）と複数なのでbe動詞はare、❷の主語はa car accident（自動車事故）と単数で時制は過去なのでbe動詞はwasになります。疑問文はIs [Are] there ～?のようにbe動詞を文頭に持ってきて作ります。

Check 2 Exercise にチャレンジ!

□ Rule 09 Exercise | 第3文型と第4文型

□ 09-1 日本語の内容に合うようにカッコ内の語句を並べ替えよう。

ナンシーは昨夜、家族に夕飯を作った。

Nancy (last / dinner / her family / cooked / for) night. ▶

□ 09-2 日本語の内容に合うようにカッコ内の語句を並べ替えよう。

彼は私にすてきなプレゼントをくれた。

(nice / me / he / gave / a / present). ▶

□ Rule 10 Exercise | 第5文型と There + be動詞

□ 10-1 日本語の内容に合うようにカッコ内の語句を並べ替えよう。

その映画は彼女をスターにした。

(her / made / movie / a star / the). ▶

□ 10-2 日本語の内容に合うようにカッコ内の語句を並べ替えよう。

その公園にはたくさんの鳥がいますか？

(birds / there / a lot of / are) in the park? ▶

□ a lot of：たくさんの

Check 3 Pointを押さえてフィニッシュ！

Listen 》 解説を読んだら、MP3-018で左ページの英文を聞いてみよう。

【解答】 Nancy cooked dinner for her family last night.

まずは文の核となる「S＋V＋O」を押さえ、それから修飾語を加えていきます。SはNancy、Vはcooked（〜を作った）、Oはdinner（夕食）なので、「S＋V＋O」はNancy cooked dinnerです。これに「家族に」に当たるfor her family、「昨夜」に当たるlast nightを続ければOKです。

【解答】 He gave me a nice present.

give（O₁にO₂を与える）は第4文型を取る動詞の代表格です。解答の英文を第3文型にすると、He gave a nice present to me.となります。He bought me a nice present.（彼は私にすてきなプレゼントを買ってくれた）なら、He bought a nice present for me.に書き換えられます。

Listen 》 解説を読んだら、MP3-020で左ページの英文を聞いてみよう。

【解答】 The movie made her a star.

make O C（OをCにする）のC（補語）には、形容詞または名詞が入ります。ここではCにa star（スター）という名詞が来ていることを確認しましょう。

【解答】 Are there a lot of birds in the park?

「There＋be動詞」構文の疑問文は、be動詞を文頭に持ってきて作ります。カッコ内のbe動詞はareなので、まずはこれを文頭に置き、その後にthere、さらに主語のa lot of birds（たくさんの鳥）を続ければ正しい文になります。

□ E007　その子どもたちはとても幸せそうに見えた。

The children (　　) very happy.

❶ watched　❷ saw　❸ looked　❹ viewed

▶

□ E008　それは面白そうだ。

That (　　) interesting.

❶ hears　❷ listens　❸ means　❹ sounds

▶

□ E009　彼女は私に彼女の新しいバッグを見せた。

She (new / me / showed / bag / her).

▶

□ E010　彼は私にその本をくれた。

He (book / me / the / gave / to).

▶

□ E011　彼女はいつも彼女の部屋をきれいにしておく。

She always (clean / room / keeps / her).

□ always：いつも　□ clean：きれいな、清潔な

□ E012　机の上に3冊の本がある。

(books / there / is / three / are) on the desk. （1語不要）

▶

38 ▸ 39

Chapter 2の学習の仕上げとして、章末問題にチャレンジ！ できなかった問題があったら、Chapter 2をもう1度復習しておこう。それでは、さっそくスタート！

E007
▼
E012

Chapter 1
主語と動詞

Chapter 2
文型

Chapter 3
文の種類

Chapter 4
時制

Chapter 5
助動詞

Chapter 6
形容詞

Chapter 7
代名詞

Chapter 8
副詞

Chapter 9
不定詞

Chapter 10
動名詞

Chapter 11
分詞

Chapter 12
受動態

Chapter 13
疑問文

Chapter 14
比較

Chapter 15
接続詞

Chapter 16
仮定法過去

Chapter 17
関係代名詞

Chapter 18
前置詞

【解答】❸

look（〜に見える）は第2文型を作ることができます。「The children（その子どもたち）＝ very happy（とても幸せそうな）」という関係になっていることを確認しましょう。❶のwatch、❷のsee（sawはseeの過去形）、❹のviewは、いずれも「〜を見る」を表し、第3文型で用いられます。

【解答】❹

選択肢の意味はそれぞれ、❶「〜を聞く」、❷「（意識して）聞く」、❸「〜を意味する」、❹「〜に聞こえる」です。この中で、❹のsoundだけが第2文型を作ることができます。「面白そうに聞こえる」→「面白そうだ」となります。

【解答】She showed me her new bag.

showは第4文型を取る動詞で、show O₁ O₂で「O₁にO₂を見せる」を表します。ここではO₁にme、O₂にher new bagが来ています。なお、この文はShe showed her new bag to me.のように、show O₁ O₂をshow O₂ to O₁の第3文型に書き換えることができます。

【解答】He gave the book to me.

第4文型のgive O₁ O₂（O₁にO₂を与える［あげる］）は、第3文型のgive O₂ to O₁に書き換えることができます。ここではカッコ内にtoがあるので、第4文型のHe gave me the book.ではなく、第3文型のHe gave the book to me.にします。

【解答】She always keeps her room clean.

keepは第5文型を取る動詞で、keep O Cで「OをCにしておく」を表します。ここでは、Oにher room、Cにcleanが来ています。「her room（彼女の部屋）＝ clean（きれいな）」の関係になっていることを確認しましょう。

【解答】There are three books on the desk.

「There ＋ be動詞（〜がある）」構文の主語はbe動詞の後に来ます。ここでは主語の数に注意しましょう。主語はthree books（3冊の本）で複数なので、be動詞はareとなります。従って、isが不要な語です。

Chapter 3

文の種類

Chapter 3では、文の種類を
マスターしていきます。それ
ぞれの文の「作り方」を押さ
えれば、それほど難しくない
はず。感嘆文では語順に注意
しましょう。

英語でコレ言える？

彼はなんて早食いなんだろう！
(　　)(　　) he eats!

答えは Rule 14でチェック！

☐ Rule 11 | 肯定文と否定文

☐ 11-1 肯定文

❶ She is a kind person.
(彼女は親切な人だ)

❷ I went to a movie with my boyfriend last Saturday.
(私は先週の土曜日、ボーイフレンドと映画を見に行った)

☐ person：人　☐ go to a movie：映画を見に行く

☐ 11-2 否定文

❶ The test was not [wasn't] that difficult.
(そのテストはそれほど難しくなかった)

❷ She does not [doesn't] drive a car.
(彼女は車を運転しない)

☐ that：それほど、そんなに

☐ Rule 12 | 疑問文

☐ 12-1 一般疑問文（Yes/No疑問文）

❶ Are you good at cooking?
(あなたは料理が得意ですか?)

❷ Did you hear about Tom?
(あなたはトムのことを聞きましたか?)

☐ be good at A：Aが得意である　☐ hear about A：Aのことを聞く、Aについて聞く

☐ 12-2 選択疑問文／付加疑問文

❶ Is that true or false?
(それは本当ですか、それともうそですか?)

❷ Do you like dogs or cats?
(あなたはイヌが好きですか、それともネコが好きですか?)

❸ It is a beautiful day, isn't it?
(素晴らしい日ですよね?)

☐ false：うその、虚偽の　☐ beautiful：素晴らしい、快適な

Rule 11
Rule 12

Chapter 1
主語と動詞

Chapter 2
文型

Chapter 3
文の種類

Chapter 4
時制

Chapter 5
助動詞

Chapter 6
形容詞

Chapter 7
代名詞

Chapter 8
副詞

Chapter 9
不定詞

Chapter 10
動名詞

Chapter 11
分詞

Chapter 12
受動態

Chapter 13
疑問詞

Chapter 14
比較

Chapter 15
接続詞

Chapter 16
仮定法過去

Chapter 17
関係代名詞

Chapter 18
前置詞

Check 1 Ruleをチェック!

Listen 》 解説を読んだら、MP3-021で左ページの英文を聞いてみよう。

事実を単に情報として伝える文を平叙文と呼びます。❶は「彼女は親切な人だ」、❷は「映画を見に行った」という事実を伝えています。平叙文には肯定文と否定文があります。肯定文は、主語の後に動詞を人称 [⟲ Rule 03-1] や時制 [⟲ Chapter 4] に合わせて置きます。

否定文はnotを使って作り、be動詞の場合はbe動詞の後にnotを置きます。一般動詞で時制が現在の場合は動詞の前にdo not（3人称単数の場合はdoes not）を、過去の場合はdid notを置きます。do [does, did] notに続く動詞は原形になります。また、口語では❶のwasn't、❷のdoesn'tのように短縮形が多く用いられます。

➕α 否定の短縮形：is not→isn't、are not→aren't、was not→wasn't、were not→weren't、do not→don't、does not→doesn't、did not→didn't

Listen 》 解説を読んだら、MP3-023で左ページの英文を聞いてみよう。

YesかNoの答えを求める疑問文を一般疑問文（Yes/No疑問文）と呼び、be動詞の文ではbe動詞を文頭に置きます。一般動詞で時制が現在の場合はDo（3人称単数の場合はDoes）を、過去の場合はDidを文頭に置きます。一般動詞の疑問文では動詞は原形になります。一般疑問文では語尾は上昇調になります。

❶や❷のように、A or B（AかBか）と、どちらかの答えを求める疑問文を選択疑問文と呼びます。疑問文の作り方は一般疑問文と同じです。A or BのAの部分が上昇調、Bの部分が下降調になります。また、❸のように、平叙文の文尾に疑問文をつけて、相手に確認したり同意を求めたりする疑問文を付加疑問文と呼びます。肯定文の後には否定の、否定文の後には肯定の疑問形をつけます。確認する場合は文尾が上昇調、同意を求める場合は下降調になります。

➕α 疑問詞を使った疑問文 [⟲ Chapter 13]

Check 2 Exerciseにチャレンジ!

☐ Rule 11 Exercise | 肯定文と否定文

☐ 11-1 日本語の内容に合うようにカッコ内の語を正しい形に変えよう。

その部屋には何人かの人がいた。

There (are) some people in the room.

▶

☐ **some**：いくらかの、多少の

☐ 11-2 正しい英文になるように空所に入る語を❶〜❹から1つ選ぼう。

My mother does not (　　) coffee.

❶ drink　❷ drinks　❸ drank　❹ drunk

▶

☐ Rule 12 Exercise | 疑問文

☐ 12-1 正しい英文になるように空所に入る語を❶〜❹から1つ選ぼう。

Did he (　　) happy?

❶ looked　❷ looks　❸ look　❹ looking

▶

☐ 12-2 日本語の内容に合うようにカッコ内の語句を並べ替えよう。

彼は幸せそうでしたか、それとも悲しそうでしたか?

Did he (happy / look / sad / or)?

▶

☐ **sad**：悲しい

Check 3 Pointを押さえてフィニッシュ!

Listen 》 解説を読んだら、**MP3-022**で左ページの英文を聞いてみよう。

【解答】were

「There + be動詞」構文の肯定文は、be動詞の後の主語の数や時制に合わせて be動詞を変えます。ここでは主語は some people(何人かの人)で3人称複数、時制は過去なので、be動詞は were になります。

【解答と訳】❶ 私の母はコーヒーを飲まない。

一般動詞の否定文は、動詞の前に do [does, did] not を置き、do [does, did] not に続く動詞は原形になります。従って、原形の❶が正解です。3人称単数の主語につられて❷を選ばないように注意しましょう。なお❸はdrinkの過去形、❹は過去分詞形 [Rule 49-2] です。

Listen 》 解説を読んだら、**MP3-024**で左ページの英文を聞いてみよう。

【解答と訳】❸ 彼は幸せそうでしたか?

一般動詞の疑問文では動詞は原形になります。従って、原形の❸が正解です。なお、選択肢のlookはここでは「〜に見える」という意味で、この文は第2文型です [Rule 08-2]。

【解答】Did he look happy or sad?

選択疑問文は、A or B(AかBか)を使って作ります。ここではAに当たるのがhappy、Bに当たるのがsadで、happy or sadで「幸せか悲しいか」を表しています。

今日は命令文と感嘆文をチェック。感嘆文は語順に要注意。時間に余裕があったら、章末問題にも挑戦しよう。

☐ Rule 13 ｜ 命令文

☐ 13-1 肯定・否定の命令文

❶ Clean your room.
（あなたの部屋を掃除しなさい）

❷ Be careful.
（気をつけなさい）

❸ Don't be a fool.
（ばかなまねはやめなさい）

☐ clean：～を掃除する　☐ careful：注意深い　☐ fool：ばか、愚か者

☐ 13-2 let を用いた命令文

❶ Let's take a break.
（休憩しましょう）

❷ Let me have a look at it.
（それを私に見させてください）

☐ take a break：休憩する　☐ have a look at A：Aを見る

☐ Rule 14 ｜ 感嘆文

☐ 14-1 How で始まる感嘆文

❶ How beautiful the flowers are!
　　　形容詞　　 S　　 V
（その花々はなんて美しいんだろう！）

❷ How fast he eats!
　　　副詞　 S　 V
（彼はなんて早食いなんだろう！）

☐ fast：素早く、速く

☐ 14-2 What で始まる感嘆文

❶ What a good idea that is!
（それはなんていいアイデアなんだろう！）

❷ How boring!
（なんて退屈なんだろう！）

❸ What a cool car!
（なんてかっこいい車なんだろう！）

☐ boring：退屈な、つまらない　☐ cool：かっこいい、すごい

Rule 13
Rule 14

Chapter 1
主語と動詞

Chapter 2
文型

Chapter 3
文の種類

Chapter 4
時制

Chapter 5
助動詞

Chapter 6
形容詞

Chapter 7
代名詞

Chapter 8
副詞

Chapter 9
不定詞

Chapter 10
動名詞

Chapter 11
分詞

Chapter 12
受動態

Chapter 13
疑問詞

Chapter 14
比較

Chapter 15
接続詞

Chapter 16
仮定法過去

Chapter 17
関係代名詞

Chapter 18
前置詞

Check 1 Ruleをチェック!

Listen 》 解説を読んだら、MP3-025で左ページの英文を聞いてみよう。

命令や要求、依頼などを表す文を命令文と呼びます。❶と❷のように、肯定の命令文は動詞の原形で始めます。be動詞の場合は、原形のBeで始めることに注意しましょう。否定の命令文は、be動詞の場合も一般動詞の場合も、❸のようにDon'tで始めます。

+α 命令文の文頭または文尾にpleaseをつけると、「どうぞ [どうか] ~してください」と丁寧なニュアンスが加わります。

Let'sはLet usの短縮形で、❶のようにLet's do（動詞の原形）で「~しよう」という勧誘や提案を表します。❷のLet me do（動詞の原形）は、「私に~させてください」と申し出る際によく使われます。

+α 使役動詞のlet [📖 Rule 46-1]

Listen 》 解説を読んだら、MP3-027で左ページの英文を聞いてみよう。

「なんて~なのだろう!」と、驚きや喜び、悲しみなどの強い感情を表す文を感嘆文と呼び、文尾には感嘆符（!）をつけます。感嘆文はHowまたはWhatで始まります。Howの場合は「How＋形容詞 [副詞] ＋S＋V!」の語順になります。例文では、❶が「How＋形容詞（beautiful)」、❷が「How＋副詞（fast)」になっています。

Whatで始まる感嘆文は、❶のように「What a [an] ＋形容詞＋名詞＋S＋V!」の語順になり、「なんて~な…（名詞）なのだろう!」を表します。名詞が複数形の場合は「What＋形容詞＋複数名詞＋S＋V!」になります。また、感嘆文では、何を対象に驚いているかが明確な場合は、❷と❸のように「S＋V」を省略することがあります。

Check 2 Exercise にチャレンジ!

□ Rule 13 Exercise | 命令文

□ 13-1 日本語の内容に合うようにカッコ内の語句を並べ替えよう。

すべての人に親切にしなさい。

(kind / everyone / be / to).

▶

□ 13-2 日本語の内容に合うようにカッコ内の語句を並べ替えよう。

午後5時にそこで会いましょう。

(at / meet / let's / there) 5 p.m.

▶

□ there：そこで

□ Rule 14 Exercise | 感嘆文

□ 14-1 日本語の内容に合うようにカッコ内の語句を並べ替えよう。

彼はなんて面白いんだろう!

(is / funny / he / how)!

▶

□ funny：おかしい、面白い

□ 14-2 日本語の内容に合うようにカッコ内の語句を並べ替えよう。

彼女はなんて大きな家を持っているんだろう!

(has / house / a / what / she / big)!

▶

Check 3 Pointを押さえてフィニッシュ！

Listen 》 解説を読んだら、**MP3-026**で左ページの英文を聞いてみよう。

【解答】 Be kind to everyone.

肯定の命令文は動詞の原形で始めます。be動詞の場合は、原形のBeで始めます。be kind to A（Aに親切である）も併せて覚えておきましょう。

【解答】 Let's meet there at 5 p.m.

Let'sの後には動詞の原形が続きます。なお、「場所」と「時間」を表す修飾語がある場合、ここでの「there（そこで）＋at 5 p.m.（午後5時に）」のように、基本的に「場所＋時間」の順番になります。

Listen 》 解説を読んだら、**MP3-028**で左ページの英文を聞いてみよう。

【解答】 How funny he is!

Howで始まる感嘆文は「How＋形容詞［副詞］＋S＋V!」の語順になります。ここでは、Howの後に形容詞のfunny（面白い）が置かれ、その後にhe is（「S＋V」）が続いています。

【解答】 What a big house she has!

「What a [an]＋形容詞＋名詞」の固まりを最初に作ります。文頭にWhat aを置き、その後に「形容詞＋名詞」のbig houseを続けます。さらに「S＋V」に当たるshe hasを加えれば文が完成します。

☐ E013　彼は昨夜そのパーティーに来なかった。

He didn't (　　　) to the party last night.

❶ come　❷ came　❸ comes　❹ coming

▶

☐ E014　あなたは彼を知っていますよね?

You know him, (　　　)?

❶ are you　❷ aren't you　❸ do you　❹ don't you

▶

☐ E015　美術品に触らないでください。

(touch / please / don't) the art.

▶

☐ art：美術品、芸術作品

☐ E016　(私に) あなたを手伝わせてください。

(help / me / let / you / to). (1語不要)

▶

☐ E017　その子ネコたちはなんてかわいいんだろう!

(are / kittens / cute / the / how)!

▶

☐ cute：かわいい　☐ kitten：子ネコ

☐ E018　あなたはなんてすてきな靴を持っているんだろう!

(shoes / nice / have / what / you)!

▶

Chapter 3の学習の仕上げとして、章末問題にチャレンジ！ できなかった問題があったら、Chapter 3をもう1度復習しておこう。それでは、さっそくスタート！

E013
▼
E018

【解答】 ❶

do [does, did] notの後には動詞の原形が入ります。従って、正解は❶です。問題文ではdid notの短縮形のdidn'tが使われています。

【解答】 ❹

付加疑問文は、肯定文の後には否定の疑問形をつけます。従って、まず❶と❸が消えます。問題文では一般動詞が使われているので、正解は❹になります。

【解答】 Please don't touch the art.

命令文の文頭または文尾にpleaseをつけると、丁寧なニュアンスが加わります。ここでは否定の命令文Don't touch the art. (美術品に触るな) の文頭にPleaseをつけて、「(どうか) 美術品に触らないでください」を表しています。

【解答】 Let me help you.

Let me do（動詞の原形）は「私に～させてください」と申し出る際の表現です。ここでは、doの部分にhelp you（あなたを手伝う）が来ています。Let meの後には動詞の原形が来るので、toが不要な語になります。

【解答】 How cute the kittens are!

Howで始まる感嘆文は、「How＋形容詞［副詞］＋S＋V!」の語順になります。ここでは、Howの後に形容詞のcute（かわいい）、Sにthe kittens（その子ネコたち）、Vにareを置けば文が完成します。

【解答】 What nice shoes you have!

Whatで始まる感嘆文は、名詞が複数形の場合は「What＋形容詞＋複数名詞＋S＋V!」で表します。ここでは、形容詞＝nice、複数名詞＝shoes、S＝you、V＝haveが使われています。

Chapter 4

時制

Chapter 4では、時制の用法をマスターしていきます。現在完了形が少し難しいですが、「過去の出来事が現在に影響していること」に注意すればニュアンスが分かるはず！

英語でコレ言える？

私の夫は10時間テレビゲームをし続けている。
My husband (　)(　)(　) a video game for 10 hours.

答えは Rule 20 でチェック！

Chapter 4では3日をかけて「時制」をチェック。今日は、時制の基本中の基本、現在形と過去形を押さえよう。

☐ Rule 15 | 現在形

☐ 15-1 現在形1：現在の状態を表す

❶ My boss is in a bad mood now.
（私の上司は今、機嫌が悪い）

❷ She wants a new PC.
（彼女は新しいパソコンを欲しがっている）

▶

☐ boss：上司　☐ in a bad mood：不機嫌で　☐ PC：パソコン（personal computerの略）

☐ 15-2 現在形2：習慣的動作を表す

❶ I eat cereal every morning.
（私は毎朝、シリアルを食べる）

❷ The moon goes around the earth.
（月は地球の周りを回っている）

▶

☐ cereal：（朝食用の）シリアル、加工穀物食　☐ go around A：Aの周りを回る　☐ earth：地球

☐ Rule 16 | 過去形

☐ 16-1 過去形1：過去の状態を表す

❶ He was surprised at the result.
（彼はその結果に驚いた）

❷ She liked him once.
（彼女はかつては彼が好きだった）

▶

☐ be surprised at A：Aに驚いている　☐ result：結果　☐ once：（今は違うが）かつては、以前は

☐ 16-2 過去形2：過去の動作を表す

❶ She played golf for the first time yesterday.
（彼女は昨日初めてゴルフをした）

❷ I ate spaghetti for lunch.
（私は昼食にスパゲティを食べた）

▶

☐ for the first time：初めて

Rule 15
～
Rule 16

Chapter 1
主語と動詞

Chapter 2
文型

Chapter 3
文の種類

Chapter 4
時制

Chapter 5
助動詞

Chapter 6
形容詞

Chapter 7
代名詞

Chapter 8
副詞

Chapter 9
不定詞

Chapter 10
動名詞

Chapter 11
分詞

Chapter 12
受動態

Chapter 13
疑問詞

Chapter 14
比較

Chapter 15
接続詞

Chapter 16
仮定法過去

Chapter 17
関係代名詞

Chapter 18
前置詞

Check 1 Ruleをチェック!

Listen 》》 解説を読んだら、MP3-029で左ページの英文を聞いてみよう。

現在形は、現在の状態と習慣的動作を表すのが基本です。ここでは、❶と❷とも、「今、機嫌が悪い」「欲しがっている」という状態を表しています。このように状態を表す動詞を「状態動詞」と呼び、状態動詞にはbe動詞のほか、❷のwant（〜が欲しい）、know（〜を知っている）、like（〜が好きである）などがあります。また、状態動詞は進行形 [Rule 17] にすることはできません。

現在形は習慣的動作も表します。❶がその例で、習慣的に「シリアルを食べる」ことを表しています。このように動作を表す動詞を「動作動詞」と呼びます。また、現在形は❷のように「月は地球の周りを回っている」といった「真理や一般的事実」を表すのにも用います。

Listen 》》 解説を読んだら、MP3-031で左ページの英文を聞いてみよう。

過去形は、過去における状態を表します。例文では、過去のある時点において「驚いた」ことを（❶）、「好きだった」ことを（❷）表しています。❷では、状態動詞 [Rule 15-1] のlike（〜が好きである）が使われています。

過去形は、過去における動作も表します。❶では、昨日（yesterday）という過去において「ゴルフをした」ことを、❷では、過去において「スパゲティを食べた」ことを表しています。このように、過去形は現在とかかわりのない過去の状態・動作を表すのが基本です。

Check 2 Exerciseにチャレンジ!

□ Rule 15 Exercise | 現在形

□ 15-1 日本語の内容に合うように空所に入る語を❶～❹から1つ選ぼう。

彼は私のことをとてもよく知っている。

He (　　　) me very well.

❶ know　❷ knows　❸ knew　❹ is knowing

□ 15-2 日本語の内容に合うように空所に入る語を❶～❹から1つ選ぼう。

私はテニスのレッスンを週に1回受けている。

I (　　　) tennis lessons once a week.

❶ take　❷ takes　❸ taken　❹ taking

□ once a week：週に1回 [1度]

□ Rule 16 Exercise | 過去形

□ 16-1 日本語の内容に合うようにカッコ内の語句を並べ替えよう。

彼女は1968年6月17日に生まれた。

(born / on / was / she) June 17, 1968.

□ be born：生まれる

□ 16-2 日本語の内容に合うように空所に入る語を❶～❹から1つ選ぼう。

彼は昨夜よく眠れなかった。

He didn't (　　　) well last night.

❶ sleep　❷ sleeps　❸ slept　❹ sleeping

Rule 15
Rule 16

Chapter 1
主語と動詞

Chapter 2
文型

Chapter 3
文の種類

Chapter 4
時制

Chapter 5
助動詞

Chapter 6
形容詞

Chapter 7
代名詞

Chapter 8
副詞

Chapter 9
不定詞

Chapter 10
動名詞

Chapter 11
分詞

Chapter 12
受動態

Chapter 13
疑問詞

Chapter 14
比較

Chapter 15
接続詞

Chapter 16
仮定法過去

Chapter 17
関係代名詞

Chapter 18
前置詞

Check 3 Pointを押さえてフィニッシュ！

Listen 》 解説を読んだら、**MP3-030**で左ページの英文を聞いてみよう。

【解答】 ❷

状態動詞は進行形にすることはできません。従って、正解は❷になります。日本語の「〜を知っている」につられて❹を選ばないようにしましょう。❸のknewはknowの過去形です。

【解答】 ❶

日本語の「〜している」につられて進行形を選ばないように注意しましょう。習慣的に「週に1回（once a week）」レッスンを受けているという動作を表すので、ここでは❶が正解になります。なお、tennis lessonsと複数形になっているのは、1回だけのレッスンではなく、週に1回行われる一連のレッスンを示すためです。

Listen 》 解説を読んだら、**MP3-032**で左ページの英文を聞いてみよう。

【解答】 She was born on June 17, 1968.

be bornで「生まれる」を意味します。過去形で使われることが多く、「生まれた」という状態を表します。なお、日付と西暦のJune 17, 1968は、June (the) seventeenth, nineteen sixty-eightと読みます。

【解答】 ❶

過去形の否定文でdid not（ここでは短縮形のdidn't）に続く動詞は原形になります [⏎ Rule 11-2]。従って、正解は❶です。「昨夜よく眠れなかった」という、現在とかかわりのない動作を表しています。❸のsleptはsleepの過去形です。

Day 9 時制2

今日は進行形と未来形をチェック。未来形には2つの形があるので、それぞれの違いをしっかりとマスターしよう。

□ Rule 17 | 進行形

□ 17-1 現在進行形：現在進行中の動作を表す

❶ The panda is eating bamboo.
　　　　　　 be　doing

（そのパンダは竹を食べている）

❷ They are playing basketball now.
　　　　 be　　doing

（彼らは今バスケットボールをしている）

□ bamboo：竹

□ 17-2 過去進行形：過去の進行中の動作を表す

❶ I was taking a shower then.
　　 be　　doing

（私はその時シャワーを浴びていた）

❷ We were watching TV in the living room.
　　　 be　　　doing

（私たちは居間でテレビを見ていた）

□ take a shower：シャワーを浴びる　□ then：その時　□ living room：居間、リビングルーム

□ Rule 18 | 未来形

□ 18-1 未来形1：will を使った未来形

❶ It will be sunny tomorrow.
　　　　 原形

（明日はよく晴れるだろう）

❷ Your dream will come true.
　　　　　　　　 原形

（あなたの夢は実現するだろう）

□ sunny：よく晴れた　□ come true：（夢などが）実現する、かなう

□ 18-2 未来形2：be going to を使った未来形

❶ I'm going to tell you everything.
（私はあなたにすべてを話すつもりだ）

❷ We are going to get married next month.
（私たちは来月結婚する）

□ get married：結婚する

Check 1 Ruleをチェック!

Listen 》 解説を読んだら、MP3-033で左ページの英文を聞いてみよう。

現在進行形は、現在進行中の動作を表し、「be動詞の現在形＋doing」で作られます。このdoingは「現在分詞」と呼ばれます [Rule 49-1]。❶の主語The pandaは3人称単数（it）なのでbe動詞はis、❷の主語Theyは3人称複数なのでbe動詞はareが使われています。その後にdoingが続いています。

＋α -ingのつけ方：eで終わる動詞：use（〜を使う）→usingのようにeを取って-ingをつけます。短母音＋子音字で終わる動詞：run（走る）→runningのように子音字を重ねて-ingをつけます。ieで終わる動詞：lie（横たわる）→lyingのようにieをyに変えて-ingをつけます。

過去進行形は、過去の一時点における進行中の動作を表し、「be動詞の過去形＋doing」で作られます。❶の主語Iは1人称単数なのでbe動詞はwas、❷の主語Weは1人称複数なのでbe動詞はwereが使われ、その後にtaking、watchingが続いています。例文では、過去の一時点において、❶「浴びていた」、❷「見ていた」という進行中の動作を表しています。

Listen 》 解説を読んだら、MP3-035で左ページの英文を聞いてみよう。

willは「自然の成り行きでそうなる」を表します。このwillは助動詞 [Chapter 5] で、willの後には動詞の原形が続きます。❶では「（このままなら）晴れるだろう」、❷では「（このままなら）実現するだろう」を表しています。このほかにもwillは「その場で思いついた計画」も表します。

＋α willの短縮形：口語ではI will→I'llのように短縮形がよく使われます。
＋α will notの短縮形：会話では短縮形のwon'tも用いられます。
＋α willを使った依頼表現：□ Will you 〜? : 〜してくれませんか?

be going toは「前もって考えていた予定」を表します。be going toの後には動詞の原形が続きます。❶では「話す予定だ」、❷では「結婚する予定だ」を表しています。

Check 2 Exercise にチャレンジ!

☐ Rule 17 Exercise | 進行形

☐ 17-1 日本語の内容に合うようにカッコ内の語を正しい形に変えよう。

少年たちは湖で泳いでいる。

The boys are (swim) in the lake.

▶

☐ lake：湖

☐ 17-2 日本語の内容に合うようにカッコ内の語を正しい形に変えよう。

彼らはダンスを練習していた。

They were (practice) their dances.

▶

☐ practice：〜を練習する

☐ Rule 18 Exercise | 未来形

☐ 18-1 日本語の内容に合うようにカッコ内の語句を並べ替えよう。

私は明日暇だろう。

(be / I / free / will) tomorrow.

▶

☐ free：暇な、仕事が入っていない

☐ 18-2 日本語の内容に合うようにカッコ内の語句を並べ替えよう。

私は新しいノートパソコンを買うつもりだ。

(buy / am / laptop / I / going / new / a / to).

▶

☐ laptop：ノートパソコン

Check 3 Pointを押さえてフィニッシュ！

Listen 》 解説を読んだら、**MP3-034**で左ページの英文を聞いてみよう。

【解答】 swimming

短母音＋子音字で終わる動詞は、子音字を重ね、-ingをつけてdoing形を作ります。swimの語尾の子音字（m）を重ねるので、swimmingが正しい形です。このほかに、sit（座る）→sitting、stop（止まる）→stopping、get（〜を得る）→ getting、put（〜を置く）→ putting、begin（〜を始める）→beginning なども押さえておきましょう。

【解答】 practicing

eで終わる動詞はeを取って、-ingをつけてdoing形を作ります。practiceの語尾のeを取って-ingをつけるので、practicingが正しい形です。このほかに、come（来る）→coming、take（〜を持って行く）→taking、drive（〜を運転する）→driving、smile（ほほえむ）→smiling、close（〜を閉める）→closingなども押さえておきましょう。

Listen 》 解説を読んだら、**MP3-036**で左ページの英文を聞いてみよう。

【解答】 I will be free tomorrow.

willは「自然の成り行きでそうなる」を表すので、「先のことなので定かではない」といったニュアンスが加わります。ここでは「このままなら暇だが、必ずそうとは言い切れない」を表しています。

【解答】 I am going to buy a new laptop.

「前もって考えていた予定」を表す場合はbe going toを使います。willを使ってI will buy a new laptop.とすると、たった今壊れてしまったので「新しいノートパソコンを買おう」のように、「その場で思いついた計画」を表します。

Day 10 時制3

現在完了形には「経験」「継続」「完了・結果」の3つの用法があるよ。それぞれの用法でよく使われる語句にも要注意！

☐ Rule 19 | 現在完了形

☐ 19-1 現在完了形1：経験を表す

❶ I have skied twice.
　　have　done
（私は2度スキーをしたことがある）

❷ Have you ever eaten sushi?
　Have　　　　done
（これまでにおすしを食べたことがありますか?）

☐ twice：2度　☐ ever：これまでに

☐ 19-2 現在完了形2：状態の継続を表す

❶ She has lived in Sydney for 10 years.
（彼女はシドニーに10年間住んでいる）

❷ I have been busy since last month.
（私は先月から忙しい）

☐ since：〜以来、〜から

☐ Rule 20 | 現在完了形／現在完了進行形

☐ 20-1 現在完了形3：完了・結果を表す

❶ We have just arrived at the airport.
（私たちはたった今、空港に着いたところだ）

❷ Have you finished your work yet?
（もう仕事は終わりましたか?）

☐ just：たった今　☐ yet：（疑問文で）もう

☐ 20-2 現在完了進行形：現在まで継続している動作を表す

My husband has been playing a video game for 10 hours.
　　　　　　　has　been　doing
（私の夫は10時間テレビゲームをし続けている）

☐ video game：テレビゲーム

Rule 19
▼
Rule 20

Chapter 1
主語と動詞

Chapter 2
文型

Chapter 3
文の種類

Chapter 4
時制

Chapter 5
助動詞

Chapter 6
形容詞

Chapter 7
代名詞

Chapter 8
副詞

Chapter 9
不定詞

Chapter 10
動名詞

Chapter 11
分詞

Chapter 12
受動態

Chapter 13
疑問詞

Chapter 14
比較

Chapter 15
接続詞

Chapter 16
仮定法過去

Chapter 17
関係代名詞

Chapter 18
前置詞

Check 1 Ruleをチェック!

Listen 》解説を読んだら、MP3-037で左ページの英文を聞いてみよう。

現在完了形は過去の出来事が現在に影響していることを表し、have [has] done（過去分詞形）で作られます。規則変化の動詞は、動詞に-edをつけて過去分詞形にします。不規則変化の動詞の過去分詞形は、p.242の「不規則変化動詞表」を確認しましょう。例文は経験（〜したことがある）を表す現在完了形で、「過去にしたという経験を現在まで持ち続けている」ことを表しています。

+α 現在完了形の否定文：have, hasの後にnotをつけます。I have→I've、he has→he's、she has→she'sなどの短縮形も使われます。
+α 現在完了形の疑問文：have, hasを文頭に置きます。

現在完了形では状態の継続（ずっと〜である）も表すことができます。❶では「住んでいる」という状態が10年間（for 10 years）現在も継続していることを、❷では「忙しい」という状態が先月から（since last month）現在も継続していることを表しています。この用法では、❶のfor（〜の間）、❷のsince（〜以来）といった前置詞がよく使われます [🔲 Rule 75]。

+α 動作の継続は現在完了進行形 [🔲 Rule 20-2] で表します。

Listen 》解説を読んだら、MP3-039で左ページの英文を聞いてみよう。

現在完了の完了・結果の用法は、過去の動作の結果が現在にどのような影響を与えているかを述べる際に用います。日本語にすると「〜したところだ、〜してしまった」となります。❶では「過去に空港に着いて現在も空港にいる」ことを、❷では「現在終わっているのか?」を表しています。この用法では、❶のjust（たった今）、❷のyet（[疑問文で] もう；[否定文で] まだ）やalready（[肯定文で] 既に、もう）がよく使われます。

現在完了進行形はhave [has] been doingという形で、ある動作が現在まで継続していることを表します。日本語にすると「(今までずっと) 〜し続けている」となります。例文の場合、現在まで10時間「テレビゲームをする」という動作が進行中であることを表しています。

+α 状態の継続は現在完了形で表します [🔲 Rule 19-2]。
+α 現在進行形と現在完了進行形の違い：現在進行形は過去から継続している動作は表せません。My husband is playing a video game. なら「(現在) 私の夫はテレビゲームをしている」という現在進行中の動作のみを意味します。

☐ **Rule 19** Exercise | 現在完了形

☐ 19-1 日本語の内容に合うようにカッコ内の語句を並べ替えよう。

彼女はハワイに3度行ったことがある。

(been / she / Hawaii / to / has) three times.   ▶

☐ Hawaii：ハワイ   ☐ three times：3度

☐ 19-2 日本語の内容に合うようにカッコ内の語句を並べ替えよう。

私はベンのことを長年にわたって知っている。

(known / have / Ben / I) for many years.   ▶

☐ **Rule 20** Exercise | 現在完了形／現在完了進行形

☐ 20-1 日本語の内容に合うようにカッコ内の語句を並べ替えよう。

彼は財布をなくしてしまった。

(his / has / wallet / lost / he).   ▶

☐ wallet：財布、札入れ

☐ 20-2 日本語の内容に合うようにカッコ内の語句を並べ替えよう。

今朝から雪が降り続けている。

(been / it / snowing / has) since this morning.   ▶

Check 3 Pointを押さえてフィニッシュ！

Listen 》》 解説を読んだら、MP3-038で左ページの英文を聞いてみよう。

【解答】 She has been to Hawaii three times.

have been to Aは「Aに行ったことがある」という経験を、have gone to Aは「Aに行ってしまった」という完了・結果 [Rule 20-1] を表します。文脈によって、「過去にハワイに3度行った経験があるので、現在ではハワイに詳しい」、「過去にハワイに3度行った経験があるので、現在ではハワイ以外の所に行きたい」など、さまざまなニュアンスが加わります。

【解答】 I have known Ben for many years.

状態動詞 [Rule 15-1] を使って「ずっと～である」を表現してみましょう。この文のknow（～を知っている）も状態動詞の1つで、「ベンのことを（ずっと）知っている」を表しています。I have wanted the bag.なら「私はずっとそのバッグが欲しい」となります。過去形のI wanted the bag.（私はそのバッグが欲しかった）なら今は欲しくないことを、現在形のI want the bag.（私はそのバッグが欲しい）なら以前は欲しくなかったが今は欲しいことを意味します。

Listen 》》 解説を読んだら、MP3-040で左ページの英文を聞いてみよう。

【解答】 He has lost his wallet.

現在完了形で表すと「過去になくして現在もない」という意味になります。過去形のHe lost his wallet.（彼は財布をなくした）は過去の一時点の動作を表し、今あるのかないのかは表現できません。

【解答】 It has been snowing since this morning.

現在進行形は「現在進行中の動作」、現在完了進行形は「現在まで継続している動作」を表します。現在進行形のIt is snowing.（雪が降っている）は現在進行中の動作のみを表します。

Chapter 1
主語と動詞

Chapter 2
文型

Chapter 3
文の種類

Chapter 4
時制

Chapter 5
助動詞

Chapter 6
形容詞

Chapter 7
代名詞

Chapter 8
副詞

Chapter 9
不定詞

Chapter 10
動名詞

Chapter 11
分詞

Chapter 12
受動態

Chapter 13
疑問詞

Chapter 14
比較

Chapter 15
接続詞

Chapter 16
仮定法過去

Chapter 17
関係代名詞

Chapter 18
前置詞

☐ E019 彼は1年に1度健康診断を受けている。

He (have) a checkup once a year.

▶

☐ checkup：健康診断　☐ once a year：1年に1度

☐ E020 私の母は今夕食を作っている。

My (cooking / mother / dinner / is) now.

▶

☐ E021 今日、私は私の夢について話すつもりだ。

Today, (to / am / about / I / talk / going) my dream.

▶

☐ talk about A：Aについて話す

☐ E022 私は何年も彼に会っていない。

(seen / haven't / him / I) for years.

▶

☐ for years：何年もの間

☐ E023 彼女は今まで外国へ行ったことがない。

She (abroad / been / never / has / to) before. (1語不要)

▶

☐ never：(これまでに一度も) 〜したことがない　☐ abroad：外国へ [に、で]　☐ before：今までに

☐ E024 私はあなたを待ち続けている。

(for / been / you / waiting / I've).

▶

☐ wait for A：Aを待つ

Chapter 4の学習の仕上げとして、章末問題にチャレンジ！ できなかった問題があったら、Chapter 4をもう1度復習しておこう。それでは、さっそくスタート！

E019
▼
E024

【解答】 has

現在形は、習慣的動作を表します。「1年に1度」という習慣的動作で、主語がHe（3人称単数）なので、haveをhasにすれば正しい文になります。日本語の「〜している」につられて進行形にしないように注意しましょう。

【解答】 My mother is cooking dinner now.

現在進行形は「be動詞の現在形＋doing」で作られます。ここではまず主語のmotherを置き、その後に「be動詞の現在形＋doing」のis cookingを続け、さらにcook（［料理］を作る）の目的語のdinnerを置けば文が完成します。

【解答】 Today, I am going to talk about my dream.

「前もって考えていた予定」を表す際は、be going toを使います。Today, I am going to talk about 〜（今日、私は〜について話すつもりだ）は、スピーチの導入でよく使われる表現で、「前もって考えていた」内容を話すことを表しています。

【解答】 I haven't seen him for years.

現在完了形の否定文は、have、hasの後にnotをつけます。have notはここでのhaven't、has notはhasn'tのように短縮形も使われます。

【解答】 She has never been abroad before.

abroadは1語で「外国へ［に、で］」を表すので、toが不要になります。have been abroad（外国へ行ったことがある）のほかにも、go abroad（外国へ行く）、study abroad（留学する）も押さえておきましょう。have never doneで「（これまでに一度も）〜したことがない」を表します。

【解答】 I've been waiting for you.

現在完了進行形はhave [has] been doingという形で、「（今までずっと）〜し続けている」を表します。口語では、ここでのI have → I'veのほか、he has → he's、she has → she'sなどの短縮形も使われます。

Chapter 5

助動詞

Chapter 5では、助動詞の用法をマスターしていきます。可能・推量・義務などを表す用法を押さえた上で、助動詞を使った慣用表現も身につけましょう。

Day 11
□ **Rule 21**：can、couldの用法
□ **Rule 22**：mayの用法
▸70

Day 12
□ **Rule 23**：must、have toの用法
□ **Rule 24**：should、shallの用法
▸74

End-of-Chapter Exercise
▸78

英語でコレ言える？

私はダイエットをしなければならない。

I (　　)(　　) go on a diet.

▼

答えは Rule 23でチェック！

今日は助動詞のcanとmayをチェック。それぞれを使った慣用表現は会話でよく使われるのでしっかりマスターしておこう。

☐ Rule 21 | can、couldの用法

☐ 21-1 可能を表す現在形のcan、過去形のcould

❶ We can <u>see</u> koalas in the zoo.
原形
（私たちはその動物園でコアラを見ることができる）

❷ He could not <u>answer</u> the question.
原形
（彼はその質問に答えることができなかった）

☐ koala：コアラ

☐ 21-2 未来の可能を表すwill be able to

My grandmother will be able to leave the hospital soon.
（私の祖母はもうすぐ退院できるだろう）

☐ leave：〜を去る　☐ hospital：病院　☐ soon：もうすぐ、近いうちに

☐ Rule 22 | mayの用法

☐ 22-1 推量を表すmay

The rumor may be true.
（そのうわさは本当かもしれない）

☐ rumor：うわさ

☐ 22-2 can、could、mayを使った慣用表現

❶ Can I borrow your car tomorrow?
（明日、あなたの車を借りてもいいですか?）

❷ May I have your name?
（お名前をいただけますか?）

❸ Can you help me with my homework?
（私の宿題を手伝ってくれますか?）

☐ borrow：〜を借りる　☐ help A with B：A（人）のB（仕事など）を手伝う

Chapter 1
主語と動詞

Chapter 2
文型

Chapter 3
文の種類

Chapter 4
時制

Chapter 5
助動詞

Chapter 6
形容詞

Chapter 7
代名詞

Chapter 8
副詞

Chapter 9
不定詞

Chapter 10
動名詞

Chapter 11
分詞

Chapter 12
受動態

Chapter 13
疑問詞

Chapter 14
比較

Chapter 15
接続詞

Chapter 16
仮定法過去

Chapter 17
関係代名詞

Chapter 18
前置詞

Check 1 Ruleをチェック!

Listen 》 解説を読んだら、**MP3-041**で左ページの英文を聞いてみよう。

助動詞は「助動詞＋do（動詞の原形）」の形で用いられ、可能・推量・義務などの意味を動詞に添えます。can（～できる）（**❶**）は可能を表す助動詞で、could（～できた）（**❷**）はその過去形です。

+α 助動詞を使った否定文：助動詞の後にnotをつけます。canの否定形はcan notですが、否定を強調するとき以外はcannotが多く使われます。
+α 口語ではcan't、couldn'tのように短縮形が多く用いられます。
+α 助動詞を使った疑問文：文頭に助動詞を置きます。

助動詞は2つ重ねて使うことはできないので、未来の可能を表す場合は（×）will canとはできません。未来の可能は、canと同じ意味を持つbe able toを用いてwill be able to（～できるだろう）で表します。

Listen 》 解説を読んだら、**MP3-043**で左ページの英文を聞いてみよう。

mayは、「～かもしれない」という推量を表します。否定形はmay not（～しないかもしれない）で、短縮形のmayn'tはほとんど使われません。また、推量の意味では普通は疑問文にしません。

Can I ～?、May I ～?は、ともに「～してもいいですか?」と許可を求める際の表現です。May I ～?のほうが丁寧なニュアンスになります。Can [Could] you ～?は「～してくれますか?」と依頼する際に用います。Could you ～?のほうが丁寧な表現です。

+α 申し出を表す Can [May] I help you?：ともに「手伝いましょうか?」と申し出る際の表現ですが、mayのほうが丁寧になります。店員が使うと、「何にいたしましょうか?、いらっしゃいませ」といった意味になります。

Check 2 Exerciseにチャレンジ！

☐ Rule 21 Exercise | can、couldの用法

☐ 21-1 日本語の内容に合うようにカッコ内の語句を並べ替えよう。

人々はロックダウンのため外出できなかった。

(not / out / people / go / could) because of the lockdown. ▶

☐ because of A：Aの理由で ☐ lockdown：ロックダウン

☐ 21-2 日本語の内容に合うようにカッコ内の語句を並べ替えよう。

あなたは上手に踊れるようになるだろう。

(able / be / you / dance / to / will) well. ▶

☐ Rule 22 Exercise | mayの用法

☐ 22-1 日本語の内容に合うようにカッコ内の語句を並べ替えよう。

彼女は今日学校に来ないかもしれない。

(to / may / come / she / not / school) today. ▶

☐ 22-2 日本語の内容に合うようにカッコ内の語句を並べ替えよう。

市役所へ行く道を教えてくれますか？

(tell / way / you / the / could / me) to City Hall? ▶

☐ way：（〜への）道、道順（to 〜） ☐ City Hall：市役所

Check 3 Pointを押さえてフィニッシュ！

Listen 》 解説を読んだら、**MP3-042**で左ページの英文を聞いてみよう。

【解答】 People could not go out because of the lockdown.

助動詞を使った否定文は、助動詞の後にnotをつけて作ります。正解の文の主語はPeople（人々）、助動詞はcouldなので、その後にnotをつけ、「外出する」を表すgo outを続ければ文が完成します。could notは、口語ではcouldn'tのように短縮されることがあります。

【解答】 You will be able to dance well.

助動詞は（×）will canのように2つ重ねて使うことができません。「～できるだろう」という未来の可能を表す場合はwill be able toを用います。

Listen 》 解説を読んだら、**MP3-044**で左ページの英文を聞いてみよう。

【解答】 She may not come to school today.

may notで「～しないかもしれない」という否定の推量を表します。短縮形のmayn'tはほとんど使われません。

【解答】 Could you tell me the way to City Hall?

Could you ～?は「～してくれますか?」と依頼する際の表現で、Can you ～?よりも丁寧な言い方です。見知らぬ人や目上の人に依頼する際は、Could you ～?を使うようにしましょう。なお、この文は第4文型 [Rule 09-2] でtellがV（動詞）、meがO₁（間接目的語）、the wayがO₂（直接目的語）になっています。

Day 12 助動詞2

mustとhave toの否定形は意味が違うので要注意。申し出・提案を表すShall I 〜?とShall we 〜?もしっかり押さえておこう。

☐ Rule 23 | must、have toの用法

☐ 23-1 義務を表す must、have to

❶ You must attend all classes.
(あなたはすべての授業に出席しなければならない)

❷ I have to go on a diet.
(私はダイエットをしなければならない)

☐ attend：〜に出席する　☐ go on a diet：ダイエットをする

☐ 23-2 それぞれの否定形の意味の違い

❶ You must not eat or drink in the library.
(図書館では飲食は禁止だ)

❷ You don't have to worry about money.
(あなたはお金のことで心配しなくてもよい)

☐ library：図書館　☐ worry about A：Aのことで心配する

☐ Rule 24 | should、shallの用法

☐ 24-1 義務を表す should

❶ We should listen to his advice.
(私たちは彼の助言を聞くべきだ)

❷ You shouldn't behave like that.
(あなたはそんなふうに振る舞うべきではない)

☐ advice：助言、忠告　☐ behave：振る舞う　☐ like that：そんなふうに

☐ 24-2 申し出・提案を表す Shall I 〜? と Shall we 〜?

❶ Shall I cook dinner tonight?
(今夜は私が夕食を作りましょうか?)

❷ Shall we go shopping this afternoon?
(今日の午後、買い物に行きましょうか?)

Check 1 Rule をチェック!

Listen 》 解説を読んだら、**MP3-045**で左ページの英文を聞いてみよう。

mustとhave toは「〜しなければならない」を表します。mustのほうが強制的な意味合いがやや強くなります。have toのhaveは「ハフ」、3人称単数で使うhas toのhasは「ハス」のように濁らず発音することに注意しましょう。mustには過去形がないので「〜しなければならなかった」を表す場合はhad toを用います。また、「〜しなければならないだろう」と未来のことを表すにはwill have toを使います。

mustの否定形must notは「〜してはならない」を、have toの否定形don't have toは「〜しなくてもよい」を表します。肯定文は同じ意味でも、否定文では全く違う意味になるので注意しましょう。must notの短縮形はmustn'tで、「マストゥ」のようにmustのtは発音されません。

Listen 》 解説を読んだら、**MP3-047**で左ページの英文を聞いてみよう。

shouldは「〜するべきだ、〜したほうがいい」という義務を表します。義務の強さはmust [Rule 23-1] → have to [Rule 23-1] → shouldの順で弱くなります。否定形はshould not（〜すべきではない）で、短縮形はshouldn'tです。

Shall I 〜?は「（私が）〜しましょうか?」と申し出るときに使います。Shall we 〜?は「（一緒に）〜しましょうか?」と提案する表現です。同じく提案する表現としてLet's 〜.（〜しよう）[Rule 13-2]がありますが、Shall we 〜?のほうが丁寧なニュアンスになります。

+α 助動詞を使ったその他の慣用表現：□ **Would you like〜?**：（提案・勧誘を表して）〜はいかがですか?

Check 2 Exercise にチャレンジ!

□ Rule 23 Exercise | must、have toの用法

□ 23-1 日本語の内容に合うようにカッコ内の語句を並べ替えよう。

私は医者に診てもらわなければなりませんか?

(to / a doctor / do / see / have / I)?

▶

□ see a doctor：医者に診てもらう

□ 23-2 日本語の内容に合うようにカッコ内の語句を並べ替えよう。

私は今日仕事に行かなくてもよい。

(go / don't / to / I / have / work/ to) today.

▶

□ go to work：仕事に行く

□ Rule 24 Exercise | should、shallの用法

□ 24-1 日本語の内容に合うようにカッコ内の語句を並べ替えよう。

あなたは毎日朝食を食べるべきだ。

(have / you / breakfast / should) every day.

▶

□ 24-2 日本語の内容に合うようにカッコ内の語句を並べ替えよう。

かばんを持ちましょうか?

(bag / I / your / shall / take)?

▶

Listen 》) 解説を読んだら、**MP3-046**で左ページの英文を聞いてみよう。

【解答】Do I have to see a doctor?

have toを使った疑問文は、一般動詞の疑問文と同じく「Do [Does, Did] + S
(主語)+ have to」で表します。mustを使った疑問文は、mustを文頭に置
いて作ります。

【解答】I don't have to go to work today.

don't have toは「～しなくてもよい」を表します。解答文をYou must not
go to work today.のようにmust not（～してはならない）で書き換えると、
「あなたは今日仕事に行ってはならない」という禁止の意味になります。

Listen 》) 解説を読んだら、**MP3-048**で左ページの英文を聞いてみよう。

【解答】You should have breakfast every day.

shouldはmustよりも義務や命令的な響きが弱く、「～したほうがいい」と助
言するときにも用いられます。解答文をYou must have breakfast every
day.にすると、「あなたは毎日朝食を食べなければならない」といった命令的
なニュアンスになります。

【解答】Shall I take your bag?

Shall I ～?（～しましょうか?）に対しては、Yes, please.（はい、お願いし
ます）、No, thanks.（いいえ、結構です）と答えるのが一般的です。Shall we
～?に対しては、Yes, that sounds good.（ええ、いいですね）、No, let's
not.（いや、やめておきましょう）などと答えます。

□ E025 あなたは日本語を話せるようになるだろう。

You (speak / able / be / to / will) Japanese.

▶

□ E026 あなたと一緒に行ってもいいですか？

(with / I / can / you / go)?

▶

□ E027 私はもう家に帰らなければならない。

I (home / have / go / to) now.

▶

□ go home：家に帰る

□ E028 （あなたは）急がなくていいですよ。

You (to / don't / hurry / have / must). （1語不要）

▶

□ hurry：急ぐ

□ E029 あなたはひと休みするべきだ。

You (rest / should / a / take).

▶

□ take a rest：ひと休みする、休憩する

□ E030 ここで写真を撮りましょうか？

(picture / we / shall / a / take) here?

▶

□ take a picture：写真を撮る

Chapter 5の学習の仕上げとして、章末問題にチャレンジ！　できなかった問題があったら、Chapter 5をもう1度復習しておこう。それでは、さっそくスタート！

E025
E030

【解答】You will be able to speak Japanese.

未来の可能は、will be able to（〜できるだろう）で表します。助動詞を2つ重ねて（×）will canのようには使えません。

【解答】Can I go with you?

Can I 〜?は、「〜してもいいですか?」と許可を求める際に用います。May I 〜?も同じように使えますが、Can I 〜?よりも丁寧なニュアンスになります。

【解答】I have to go home now.

have toは「〜しなければならない」という義務を表します。この後に「家に帰る」を表すgo homeを置けば文が完成します。この文はI must go home now.と言うこともできますが、強制的な意味合いがやや強くなります。

【解答】You don't have to hurry.

have toの否定形don't have toは「〜しなくてもよい」を、mustの否定形must notは「〜してはならない」を表します。従って、mustが不要な語になります。

【解答】You should take a rest.

should（〜するべきだ）は、must、have to（〜しなければならない）よりも弱い義務を表します。強制するのではなく、助言するようなニュアンスが加わります。

【解答】Shall we take a picture here?

Shall we 〜?（[一緒に] 〜しましょうか?）は、Let's 〜.（〜しよう）よりも丁寧に提案する際に用いられます。Shall I 〜?は「（私が）〜しましょうか?」と申し出る際に使います。

Chapter 1
主語と動詞

Chapter 2
文型

Chapter 3
文の種類

Chapter 4
時制

Chapter 5
助動詞

Chapter 6
形容詞

Chapter 7
代名詞

Chapter 8
副詞

Chapter 9
不定詞

Chapter 10
動名詞

Chapter 11
分詞

Chapter 12
受動態

Chapter 13
疑問詞

Chapter 14
比較

Chapter 15
接続詞

Chapter 16
仮定法過去

Chapter 17
関係代名詞

Chapter 18
前置詞

Chapter 6

形容詞

Chapter 6では、形容詞の用法をマスターしていきます。「数」を表す形容詞がたくさん登場しますが、それぞれの意味と使い方をしっかりと押さえていきましょう。

英語でコレ言える？

私たちは同じ学校に通っている。
We go to (　　) (　　) school.

答えは Rule 25でチェック！

Chapter 6では4日をかけて「形容詞」をチェック。本書で一番長いChapterだけど、急がず焦らず着実に学習を進めていこう。

☐ Rule 25 | 形容詞 such、the same の用法

☐ 25-1 「そのような、そんな」を表す such

I have never met such a nice person before.
(私は今までにそんないい人に会ったことがない)

☐ nice：人がいい、親切な

☐ 25-2 「同じ」を表す the same

❶ We go to the same school.
(私たちは同じ学校に通っている)

❷ I was born on the same day as my mother.
(私は母と同じ日に生まれた)

☐ be born：生まれる　☐ the same A as B：Bと同じA

☐ Rule 26 | 形容詞 another、other の用法

☐ 26-1 「もう1つ [1人] の、ほかの」を表す another

❶ Can I have another glass of water?
(水をもう1杯もらってもいいですか?)

❷ We need another person's opinion.
(私たちはほかの人の意見が必要だ)

☐ opinion：意見

☐ 26-2 「ほかの、残りの」を表す other

❶ We need other people's opinions.
(私たちはほかの人たちの意見が必要だ)

❷ The other students went home.
(残りの生徒たちは帰宅した)

Rule 25
Rule 26

Chapter 1
主語と動詞

Chapter 2
文型

Chapter 3
文の種類

Chapter 4
時制

Chapter 5
助動詞

Chapter 6
形容詞

Chapter 7
代名詞

Chapter 8
副詞

Chapter 9
不定詞

Chapter 10
動名詞

Chapter 11
分詞

Chapter 12
受動態

Chapter 13
疑問詞

Chapter 14
比較

Chapter 15
接続詞

Chapter 16
仮定法過去

Chapter 17
関係代名詞

Chapter 18
前置詞

Check 1 Ruleをチェック！

Listen 》解説を読んだら、MP3-049で左ページの英文を聞いてみよう。

形容詞は名詞の性質や状態を表す語で、名詞の前や、第2文型 [Rule 08]・第5文型 [Rule 10-1] の補語の位置に置かれます。形容詞のsuchは「そのような、そんな」を表します。修飾する名詞が可算名詞の単数なら「such a [an] ＋形容詞＋名詞」という語順になることに注意が必要です。例文では、「such a ＋ nice（形容詞）＋ person（名詞）」（そんないい人）という語順になっています。

sameは「同じ」を表し、the sameのように定冠詞のtheが必ずつきます。the same A as Bは「Bと同じA」を表し、❷ではthe same day as my motherで「母と同じ日」となっています。

＋α 代名詞のsame：「同じこと、同じ物」を表します。この場合もthe sameのように必ずtheがつきます。

Listen 》解説を読んだら、MP3-051で左ページの英文を聞いてみよう。

形容詞のanotherは「もう1つ [1人] の、ほかの」を表します。anotherは「an ＋ other」から生まれた語で、不特定のものを修飾します。従って、anotherの後には可算名詞の単数形が来ます。❶ではanother glassで「不特定の1杯」、❷ではanother personで「不特定の1人」を表しています。

＋α 代名詞のanother：「もう1つ [別] の物、もう1人 [別] の人」を表します。

形容詞のotherは「ほかの、残りの」を表します。特定の人・物を修飾するときは定冠詞のtheをつけて、不特定の人・物を修飾する際は無冠詞で使います。❶は無冠詞なので「不特定のほかの人たち」、❷はtheがついているので「特定の残りの生徒たち全員」を表しています。

＋α 代名詞のother：the otherで「（2者中の）もう一方」、the othersで「（3者以上の）残りの全部」、othersで「ほかの人々 [物]」を表します。
＋α another、otherを使った重要表現：□ each other、one another：お互い（に）　□ one after another：次々に

Day 13

Check 2 Exercise にチャレンジ!

□ Rule 25 Exercise | 形容詞 such、the same の用法

□ 25-1 日本語の内容に合うようにカッコ内の語句を並べ替えよう。

私は今までにそのような素晴らしい時を過ごしたことがない。

I have (a / time / had / wonderful / never / such) before.

□ wonderful：素晴らしい

□ 25-2 日本語の内容に合うようにカッコ内の語句を並べ替えよう（1語不要）。

マークと私は同じ町に住んでいる。

Mark and I (town / a / live / same / in / the).

84 ▾ 85

□ Rule 26 Exercise | 形容詞 another、other の用法

□ 26-1 日本語の内容に合うようにカッコ内の語句を並べ替えよう（1語不要）。

私にもう1度チャンスをくれますか？

Can you (me / chance / an / another / give)?

□ 26-2 日本語の内容に合うように空所に入る語を❶〜❹から1つ選ぼう。

ほかのアイデアはありますか？

Do you have (　　　) ideas?

❶ another　❷ other　❸ the other　❹ others

Check 3 Point を押さえてフィニッシュ！

Listen 》 解説を読んだら、**MP3-050**で左ページの英文を聞いてみよう。

【解答】 I have never had such a wonderful time before.

such が単数の可算名詞を修飾する場合は「such a [an]＋形容詞＋名詞」という語順になります。have a wonderful time で「素晴らしい時を過ごす」を表し、ここに such を入れて time を修飾すると such a wonderful time となります。

【解答】 Mark and I live in the same town.

same には必ず定冠詞の the がつきます。「同じ町」は the same town で表され、カッコ内の不定冠詞の a が不要な語となります。

Listen 》 解説を読んだら、**MP3-052**で左ページの英文を聞いてみよう。

【解答】 Can you give me another chance?

another は「an＋other」なので、（×）an another といった使い方はできません。従って、不要な語は an です。ここでは another chance で「不特定のもう1つのチャンス」を表しています。なお、この文は第4文型 [Rule 09-2] で give が V（動詞）、me が O₁（間接目的語）、another chance が O₂（直接目的語）になっています。

【解答】 ❷

another の後には可算名詞の単数形が来るので、まず❶を消します。形容詞の other は others のように複数形にはしないので、次に❹が外れます。ここでは ideas は「特定のアイデア」ではなく、「不特定のアイデア」なので、無冠詞の❷が正解になります。

Day 14 形容詞2

今日から3日間は「いくらかの」「多くの」「少しの」といった「数量」を表す形容詞を押さえていこう。

☐ Rule 27 | 数量形容詞some、anyの用法

☐ 27-1 肯定文で使うsome

❶ **She needs some days off.**
（彼女は何日か休日が必要だ）

❷ **Can I borrow some money?**
（いくらかお金を借りてもいいですか?）

▶

☐ day off：休日、休み

☐ 27-2 疑問文・否定文で使うany

❶ **Do you have any questions?**
（何か質問はありますか?）

❷ **I didn't get any sleep last night.**
（私は昨晩、少しも眠れなかった）

▶

☐ Rule 28 | 数量形容詞many、much、enoughの用法

☐ 28-1 「多くの、たくさんの」を表すmanyとmuch

❶ **There are many temples and shrines in Kyoto.**
（京都には多くの寺と神社がある）

❷ **Do you spend much time with your family?**
（あなたは家族と多くの時間を過ごしますか?）

❸ **Eat a lot of vegetables.**
（野菜をたくさん食べなさい）

▶

☐ temple：寺院、寺　☐ shrine：神社　☐ spend：(時間)を過ごす　☐ a lot of：たくさんの

☐ 28-2 「十分な、必要なだけの」を表すenough

❶ **There are enough chairs for everyone.**
（みんなに必要なだけのいすがある）

❷ **There is enough space for parking.**
（十分な駐車スペースがある）

▶

☐ everyone：みんな　☐ parking：駐車

Rule 27
▼
Rule 28

Chapter 1
主語と動詞

Chapter 2
文型

Chapter 3
文の種類

Chapter 4
時制

Chapter 5
助動詞

Chapter 6
形容詞

Chapter 7
代名詞

Chapter 8
副詞

Chapter 9
不定詞

Chapter 10
動名詞

Chapter 11
分詞

Chapter 12
受動態

Chapter 13
疑問詞

Chapter 14
比較

Chapter 15
接続詞

Chapter 16
仮定法過去

Chapter 17
関係代名詞

Chapter 18
前置詞

Check 1 Ruleをチェック!

Listen 》 解説を読んだら、**MP3-053**で左ページの英文を聞いてみよう。

名詞の数を表す形容詞を数量形容詞と呼びます。形容詞のsomeは、肯定文で「いくらかの、多少の」を表します。漠然とした数や量を表し、可算名詞・不可算名詞の両方を修飾します。可算名詞を修飾する場合は、❶のdaysのように複数名詞につきます。❷は不可算名詞のmoneyを修飾し、some moneyで「いくらかのお金」を表しています。

+α 代名詞のsome：「いくらか、少し」を表します。
+α 肯定の答えを期待したり、依頼・勧誘を表したりする場合、❷のようにsomeは疑問文でも使われます。

形容詞のanyは、疑問文で「いくらかの、多少の」、否定文で「少しも（〜ない）」を表します。肯定文で使うsomeと同様、可算名詞を修飾する場合は❶のquestionsのように複数名詞につきます。❷は不可算名詞のsleepを修飾し、not get any sleepで「少しも睡眠を得られない」→「少しも眠れない」を表しています。

+α 代名詞のany：疑問文で「いくらかの、少し」、否定文で「少しも」を表します。

Listen 》 解説を読んだら、**MP3-055**で左ページの英文を聞いてみよう。

形容詞のmanyは可算名詞の複数形（❶）を、muchは不可算名詞（❷）を修飾して「多くの、たくさんの」を表します。a lot ofは可算名詞の複数形（❸）と不可算名詞の両方を修飾して「多くの、たくさんの」を表すことができます。❶ではmanyがtemples and shrinesを、❷ではmuchがtimeを、❸ではa lot ofがvegetablesをそれぞれ修飾しています。

+α 代名詞のmany：「多くの人［物、事］」を表します。
+α 代名詞のmuch：「多量、多額」を表します。

形容詞のenoughは、可算名詞・不可算名詞の両方を修飾して「十分な、必要なだけの」を表します。可算名詞を修飾する場合は、❶のchairsのように複数形につきます。❷は不可算名詞のspaceを修飾し、enough spaceで「十分なスペース」を表しています。

+α 代名詞のenough：「十分な数［量］、必要なだけの数［量］」を表します。

Check 2 Exerciseにチャレンジ!

☐ Rule 27 Exercise | 数量形容詞some、anyの用法

☐ 27-1 日本語の内容に合うようにカッコ内の語句を並べ替えよう（1語不要）。

瓶にはいくらか水が入っている。

(water / is / some / are / there) in the bottle.　▶

☐ bottle：瓶、ボトル

☐ 27-2 正しい英文になるように空所に入る語句を❶〜❹から1つ選ぼう。

There weren't (　　　) in the sky.

❶ some cloud　❷ some clouds　❸ any cloud　❹ any clouds　▶

☐ cloud：雲

☐ Rule 28 Exercise | 数量形容詞many、much、enoughの用法

☐ 28-1 日本語の内容に合うようにカッコ内の語句を並べ替えよう（1語不要）。

砂糖をたくさん取り過ぎないようにしなさい。

Don't (too / many / sugar / much / take).　▶

☐ too：あまりに、度を超えて

☐ 28-2 日本語の内容に合うようにカッコ内の語句を並べ替えよう（1語不要）。

私には家事に必要なだけの時間がない。

I don't (for / enough / housework / have / to / time).　▶

☐ housework：家事

Chapter 1
主語と動詞

Chapter 2
文型

Chapter 3
文の種類

Chapter 4
時制

Chapter 5
助動詞

Chapter 6
形容詞

Chapter 7
代名詞

Chapter 8
副詞

Chapter 9
不定詞

Chapter 10
動名詞

Chapter 11
分詞

Chapter 12
受動態

Chapter 13
疑問詞

Chapter 14
比較

Chapter 15
接続詞

Chapter 16
仮定法過去

Chapter 17
関係代名詞

Chapter 18
前置詞

Check 3 Pointを押さえてフィニッシュ！

Listen 》 解説を読んだら、**MP3-054**で左ページの英文を聞いてみよう。

【解答】 There is some water in the bottle.

someは不可算名詞につく場合は単数扱いになります。「There + be動詞」構文 [Rule 10-2] では、be動詞の後に来る主語が単数か複数かでbe動詞が変わります。waterは不可算名詞で、ここではsome water（いくらかの水）が主語なのでbe動詞はisを使います。従って、areが不要です。

【解答と訳】 ④ 空には雲ひとつなかった。

someは否定文では使えません。従って、❶と❷が最初に消えます。問題文は「There + be動詞」構文 [Rule 10-2] で、be動詞のweren'tから主語が複数形だと分かるので、正解は④になります。anyを否定文で「少しも（〜ない）」という意味で用いる場合、可算名詞は複数形になることからも④が正解だと分かります。

Listen 》 解説を読んだら、**MP3-056**で左ページの英文を聞いてみよう。

【解答】 Don't take too much sugar.

manyは可算名詞の複数形、muchは不可算名詞を修飾します。sugarは不可算名詞なので「たくさんの砂糖」はmuch sugarとなります。従って、manyが不要な語となります。

【解答】 I don't have enough time for housework.

enough A for Bで「Bに十分なA、Bに必要なだけのA」を表します。ここではenough time for housework（家事に必要なだけの時間）として使われています。「Bに十分なA、Bに必要なだけのA」という意味では、（×）enough A to Bとはできません。従って、toが不要です。enough A to do（動詞の原形）（〜するのに十分なA）という使い方はできます。

Day 15 形容詞3

a fewとa littleは、aがないと全く違う意味になることに注意。allは可算名詞の複数形、everyは可算名詞の単数形を修飾するよ。

☐ Rule 29 | 数量形容詞a few、a littleの用法

☐ 29-1 「少しの」を表すa fewとa little

❶ I bought a few things at the store.
(私はその店で少し物を買った)

❷ We have a little time before the party.
(私たちはパーティーの前に少し時間がある) ▶

☐ 29-2 「ほとんど～ない」を表すfewとlittle

❶ I have few memories of the event.
(私はそのイベントの記憶がほとんどない)

❷ There is little chance of success.
(成功の可能性はほとんどない) ▶

☐ memory：記憶、思い出　☐ event：イベント、行事　☐ chance：可能性、見込み　☐ success：成功

☐ Rule 30 | 数量形容詞all、every、noの用法

☐ 30-1 「すべての」を表すallとevery

❶ All students must leave the school building by 7 p.m.
(全生徒は午後7時までに校舎を出なければならない)

❷ Every person has a different personality.
(すべての人には異なる個性がある) ▶

☐ school building：校舎　☐ by：～までに　☐ personality：個性、性格

☐ 30-2 「全く～ない」を表すno

❶ There are no classes on weekends.
(週末には授業が全くない)

❷ He had no money for food.
(彼は食費を全く持っていなかった) ▶

☐ on weekends：週末には

Rule 29
Rule 30

Chapter 1
主語と動詞

Chapter 2
文型

Chapter 3
文の種類

Chapter 4
時制

Chapter 5
助動詞

Chapter 6
形容詞

Chapter 7
代名詞

Chapter 8
副詞

Chapter 9
不定詞

Chapter 10
動名詞

Chapter 11
分詞

Chapter 12
受動態

Chapter 13
疑問詞

Chapter 14
比較

Chapter 15
接続詞

Chapter 16
仮定法過去

Chapter 17
関係代名詞

Chapter 18
前置詞

Check 1 Rule をチェック!

Listen 》 解説を読んだら、**MP3-057**で左ページの英文を聞いてみよう。

「少しの」を表す a few は可算名詞の複数形を、a little は不可算名詞を修飾します。❶では a few が可算名詞の複数形 things を、❷では a little が不可算名詞の time をそれぞれ修飾しています。

+α 代名詞の **a few**：「少数の人［物］」を表します。
+α 代名詞の **a little**：「少し、いくらか」を表します。

a がつかない few と little は「ほとんど〜ない」を表します。few は可算名詞の複数形を、little は不可算名詞を修飾します。❶では few が可算名詞の複数形 memories を、❷では little が不可算名詞の chance をそれぞれ修飾しています。否定語の not を使わずに否定の内容を表していることに注意しましょう。

+α 代名詞の **few**：「ほんのわずかの人［物］」を表します。
+α 代名詞の **little**：「ほんのわずかしかない量」を表します。

Listen 》 解説を読んだら、**MP3-059**で左ページの英文を聞いてみよう。

all は可算名詞の複数形を、every は可算名詞の単数形を修飾して「すべての」を表します。❶では all が複数形の students を、❷では every が単数形の person をそれぞれ修飾しています。every の場合、日本語の「すべての」につられて複数形にしないように注意しましょう。

+α 代名詞の **all**：「すべて、みんな」を表し、all of A（Aのすべて）の形でよく使われます。

no は可算名詞・不可算名詞を修飾して、「全く〜ない、少しも〜ない」という強い否定を表します。❶では可算名詞の classes を、❷では不可算名詞の money をそれぞれ修飾しています。「ほとんど〜ない」を表す few、little ［ Rule 29-2］と同じように、ここでも否定語の not を使わずに否定の内容を表していることに注意しましょう。

Check 2 Exercise にチャレンジ!

□ **Rule 29** Exercise 数量形容詞 a few、a little の用法

□ 29-1 正しい英文になるように空所に入る語を❶〜❹から1つ選ぼう。

I met him a (　　) months ago.

❶ some　❷ many　❸ few　❸ little

□ **ago**：(A agoで) 今より A 前に

□ 29-2 日本語の内容に合うようにカッコ内の語句を並べ替えよう（1語不要）。

彼には余暇の時間がほとんどない。

He has (for / time / few / leisure / little).

□ **leisure**：余暇、レジャー

□ **Rule 30** Exercise 数量形容詞 all、every、no の用法

□ 30-1 正しい英文になるように空所に入る語句を❶〜❹から1つ選ぼう。

(　　) has their own ID card.

❶ Every employee　　❷ Every employees
❸ All employee　　　❹ All employees

□ **employee**：従業員　□ **own**：自分の　□ **ID card**：身分証明書、IDカード

□ 30-2 日本語の内容に合うようにカッコ内の語句を並べ替えよう。

彼女は流行に全く興味がない。

(no / she / interest / has) in fashion.

□ **interest**：(〜に対する) 興味、関心 (in 〜)　□ **fashion**：流行、ファッション

Check 3 Pointを押さえてフィニッシュ！

Listen 》 解説を読んだら、**MP3-058**で左ページの英文を聞いてみよう。

【解答と訳】 ❸ 私は数カ月前に彼に会った。

some（いくらかの）、many（多くの）が可算名詞の複数形を修飾する場合、不定冠詞のaはつきません。従って、❶と❷がまず外れます。❸のa few、❹のa littleはともに「少しの」を表しますが、a littleは不可算名詞を修飾するので、可算名詞の複数形（ここではmonths）を修飾するa fewが正解になります。

【解答】 He has little time for leisure.

littleは不可算名詞を修飾して「ほとんど〜ない」を表します。timeは不可算名詞なので、ここではlittleを使い、fewが不要な語になります。

Listen 》 解説を読んだら、**MP3-060**で左ページの英文を聞いてみよう。

【解答と訳】 ❶ 全従業員は自分の身分証明書を持っている。

everyは可算名詞の単数形を、allは可算名詞の複数形を修飾するので、❷と❸がまず消えます。次に空所の後に動詞のhas（haveの3人称単数形）が来ているので、正解は❶になります。hasがhaveであれば、❹を入れると正しい英文になります。

【解答】 She has no interest in fashion.

no（全く〜ない、少しも〜ない）は否定語のnotを使わずに否定の内容を表します。ここではhave no interestで「全く興味がない」を表しています。

□ Rule 31 | 数量形容詞 each、both の用法

□ 31-1 「それぞれの」を表す each

Each student has his or her own PC.
(それぞれの生徒は自分のパソコンを持っている)

□ own：自分の

□ 31-2 「両方の」を表す both

❶ There are many shops on both sides of the street.
(道の両側には多くの店がある)

❷ Tom plays both baseball and soccer.
(トムは野球もサッカーもする)

□ both A and B：AとBの両方とも、AもBも

□ Rule 32 | 数量形容詞 either の用法

□ 32-1 「どちらかの」を表す either

❶ Please choose either date.
(どちらかの日を選んでください)

❷ You can have either tea or coffee.
(紅茶かコーヒーを飲むことができます)

□ choose：〜を選ぶ　□ date：日付　□ either A or B：AかBか（いずれか）

□ 32-2 否定文に続けて「〜もまた（…ない）」を表す

❶ I don't like sports, either.
(私もスポーツは好きではない)

❷ I like sports, too.
(私もスポーツが好きだ)

Check 1 Ruleをチェック!

Listen 》解説を読んだら、**MP3-061**で左ページの英文を聞いてみよう。

形容詞のeachは、2つ [2人] 以上の物 [人] について、「それぞれの、めいめいの」を表し、可算名詞の単数形を修飾します。例文ではeach studentで「それぞれの生徒」を表しています。

+α 代名詞の**each**：「それぞれ、めいめい」を表します。**each of A** (Aのそれぞれ) の形でよく使われます。

形容詞のbothは、2つ [2人] の物 [人] について、「両方の」を表し、可算名詞の複数形を修飾します。❶では、both sides of the streetで「道の両側」を表しています。bothには副詞の用法もあり、❷のようにboth A and B (AとBの両方とも、AもBも) の形で用いられます (接続詞と考えることもあります)。both A and Bは複数扱いになります。

+α 代名詞の**both**：「両方」を表します。**both of A** (Aの両方) の形でよく使われます。

Listen 》解説を読んだら、**MP3-063**で左ページの英文を聞いてみよう。

形容詞のeitherは、2つ [2人] の物 [人] について、「どちらかの」を表し、可算名詞の単数形を修飾します。❶では、either dateで「どちらかの日付」を表しています。eitherには副詞の用法もあり、❷のようにeither A or B (AかBか) の形で用いられます (接続詞と考えることもあります)。either A or Bが主語になる場合、動詞はBに合わせるのが原則です。

+α 代名詞の**either**：「どちらか」を表します。

副詞のeitherは、否定文で文尾に置いて「〜もまた (…ない)」を表します (❶)。肯定文に続けて「〜もまた」を表す場合はtooを使います (❷) [Rule 39-1]。eitherとtooの前のコンマ (,) は省略可能です。

Check 2 Exerciseにチャレンジ!

☐ Rule 31 | Exercise | 数量形容詞 each、both の用法

☐ 31-1 正しい英文になるように空所に入る語句を❶〜❹から1つ選ぼう。

( ) has its own culture.

❶ All countries ❷ Every countries ❸ Each countries ❹ Each country ▶

☐ own：独自の ☐ culture：文化

☐ 31-2 日本語の内容に合うようにカッコ内の語句を並べ替えよう（1語不要）。

彼と彼の妻の両方とも芸術に興味を持っている。

(and / are / wife / is / he / his / both) interested in the arts. ▶

☐ be interested in A：Aに興味を持っている ☐ art：(the 〜)(〜s) 芸術

☐ Rule 32 | Exercise | 数量形容詞 either の用法

☐ 32-1 日本語の内容に合うようにカッコ内の語句を並べ替えよう。

Eメールか電話で私たちにご連絡ください。

Please contact us (e-mail / either / or / by) by phone. ▶

☐ contact：〜と連絡を取る ☐ by：(手段) で

☐ 32-2 日本語の内容に合うようにカッコ内の語句を並べ替えよう。

私もおなかがすいていません。

(hungry / not / either / I'm). ▶

Listen 》 解説を読んだら、**MP3-062**で左ページの英文を聞いてみよう。

【解答と訳】 ❹ それぞれの国には独自の文化がある。

each（それぞれの、めいめいの）は可算名詞の単数形を修飾します。従って、❸の（×）each countriesのような使い方はできません。問題文の動詞はhasなので複数形の❶も外れます。everyは可算名詞の単数形を修飾するので❷も入りません。なお、❷はEvery countryのように単数形であれば正しい英文になります。

【解答】 Both he and his wife are interested in the arts.

both A and B（AとBの両方とも、AもBも）は複数扱いです。ここでは主語はBoth he and his wife（彼と彼の妻の両方とも）なので、これに対応するbe動詞はareになります。従って、isが不要な語になります。

Listen 》 解説を読んだら、**MP3-064**で左ページの英文を聞いてみよう。

【解答】 Please contact us either by e-mail or by phone.

either A or B（AかBか）のAとBには、語のほかにも、文法的に同等の要素も入ります。ここではAにby e-mail（Eメールで）、Bにby phone（電話で）という「前置詞＋名詞」の固まりが入っています。

【解答】 I'm not hungry(,) either.

「～もまた（…ない）」を表す場合、eitherの前のコンマ（,）は省略しても構いません。「～もまた」を表すtooの場合も同様です。

☐ E031 私は今までにそのような美しい景色を見たことがない。

I've never (view / a / such / seen / beautiful) before.

▶

☐ view：景色、眺め

☐ E032 これまでにどこかほかの国に行ったことはありますか？

Have you ever been to any (　　) countries?

❶ one　❷ other　❸ another　❹ some

▶

☐ E033 その店には数名の人がいた。

There were a (　　) people in the shop.

❶ some　❷ many　❸ few　❹ little

▶

☐ E034 すべての子どもは愛情を必要としている。

(　　) child needs love.

❶ All　❷ Some　❸ Every　❹ Many

▶

☐ E035 冷蔵庫には食べ物が全くなかった。

(food / was / no / there) in the fridge.

▶

☐ fridge：冷蔵庫（refrigeratorの短縮形）

☐ E036 教育は男性と女性の両方にとって大切だ。

Education is (men / for / important / and / both) women.

▶

Chapter 6の学習の仕上げとして、章末問題にチャレンジ！ できなかった問題があったら、Chapter 6をもう1度復習しておこう。それでは、さっそくスタート！

E031
▼
E036

【解答】I've never seen such a beautiful view before.

such（そのような、そんな）が可算名詞の単数形を修飾する場合、「such a [an]＋形容詞＋名詞」という語順になります。（×）a such beautiful viewとしないように注意しましょう。

【解答】❷

any otherで「何かほかの」を表します。ここではany other countriesで「どこかほかの国々」を表しています。❶のone（1つの）、❸のanother（もう1つの）は単数名詞を修飾するので不可。複数名詞を修飾する際に、anyとsomeを続けて使うことはできないので、❹も空所に入りません。

【解答】❸

❶のsome（いくらかの）、❷のmany（多くの）は不定冠詞のaと一緒に使いません。❸のfew、❹のlittleとも、a few、a littleで「少しの」を表しますが、a fewは可算名詞の複数形、a littleは不可算名詞を修飾するので、❸が正解になります。

【解答】❸

every（すべての）は可算名詞の単数形を修飾します。ここでは、空所の後に単数形のchildがあるので、❸が正解になります。all、some、manyは可算名詞の複数形を修飾して、それぞれ「すべての」、「いくらかの」、「多くの」を表します。

【解答】There was no food in the fridge.

no（全く～ない、少しも～ない）は、否定語のnotを使わずに否定の内容を表します。ここでは、There was no foodで「食べ物が全くなかった」を表しています。

【解答】Education is important for both men and women.

both A and Bで「AとBの両方とも」を表します。問題文ではBに当たるwomenが文尾にあるので、both men and womenで「男性と女性の両方とも」となります。

Chapter 1
主語と動詞

Chapter 2
文型

Chapter 3
文の種類

Chapter 4
時制

Chapter 5
助動詞

Chapter 6
形容詞

Chapter 7
代名詞

Chapter 8
副詞

Chapter 9
不定詞

Chapter 10
動名詞

Chapter 11
分詞

Chapter 12
受動態

Chapter 13
疑問詞

Chapter 14
比較

Chapter 15
接続詞

Chapter 16
仮定法過去

Chapter 17
関係代名詞

Chapter 18
前置詞

Chapter 7

代名詞

Chapter 7では、代名詞の用法をマスターしていきます。まずは、代名詞の種類をチェック。さらにitとoneの使い分けを押さえ、所有代名詞と再帰代名詞も見ていきましょう。

英語でコレ言える？

この自転車はあなたの物ですか？

Is this bike (　　)?

答えはRule 36でチェック！

Day 17　代名詞1

□ Rule 33 ｜ 代名詞の種類

□ 33-1 人称代名詞、指示代名詞、不定代名詞

❶ These are my books.
（これらは私の本です）

❷ History is one of my favorite subjects.
（歴史は私の大好きな科目の1つです）

▶

□ history：歴史　□ favorite：大好きな　□ subject：科目、教科

□ 33-2 代名詞の形容詞的用法

❶ I don't know her name.
（私は彼女の名前を知らない）

❷ Can you get me that book?
（私にその本を取ってくれますか?）

❸ Would you like another cup of tea?
（紅茶をもう1杯いかがですか?）

▶

□ get A B：A（人）にBを取ってくる　□ Would you like A?：Aはいかがですか?

□ Rule 34 ｜ it、one の用法

□ 34-1 既に出た特定の名詞を指す it

I'm looking for my smartphone. Have you seen it anywhere?
（私のスマートフォンを探しています。どこかでそれを見ましたか?）

▶

□ anywhere：どこかで

□ 34-2 既に出た名詞と同種だが不特定の物を指す one

I don't have a red pen. I'll have to buy one.
（赤ペンがありません。1つ買わなければなりません）

▶

Chapter 1
主語と動詞

Chapter 2
文型

Chapter 3
文の種類

Chapter 4
時制

Chapter 5
助動詞

Chapter 6
形容詞

Chapter 7
代名詞

Chapter 8
副詞

Chapter 9
不定詞

Chapter 10
動名詞

Chapter 11
分詞

Chapter 12
受動態

Chapter 13
疑問詞

Chapter 14
比較

Chapter 15
接続詞

Chapter 16
仮定法過去

Chapter 17
関係代名詞

Chapter 18
前置詞

Check 1 Ruleをチェック!

Listen 》》 解説を読んだら、MP3-065で左ページの英文を聞いてみよう。

代名詞は、名詞の「代」わりをする言葉です。代名詞には、人称代名詞 [→ Rule 3]・指示代名詞・不定代名詞・疑問代名詞 [→ Rule 56-1]・関係代名詞 [→ Chapter 17] があります。指示代名詞の代表格は、this (これ、この)、these (これら、これらの)(①)、that (それ、その)、those (それら、それらの)です。不定代名詞では、one (1つ)(②)、「人」を指す-one、-body、「物」を指す-thingをこのChapterで扱います。

代名詞の多くは、名詞を修飾することができます。①では人称代名詞sheの所有格herが名詞のnameを修飾しています。指示代名詞と不定代名詞は、人称代名詞のような所有格・目的格 [→ Rule 03-2] はありませんが、そのままの形で名詞を修飾できます。②では指示代名詞のthatが、③では不定代名詞のanotherが、それぞれ名詞のbookとcupを修飾しています。

+α 不定代名詞の形容詞的用法 [→ Chapter 6]

Listen 》》 解説を読んだら、MP3-067で左ページの英文を聞いてみよう。

itは既に出た特定の名詞を指し、「the＋単数名詞」を表します。例文では、itは前の文にあるmy smartphone (私のスマートフォン) を指しています。it＝the smartphone (そのスマートフォン) を表していることを確認しましょう。

oneは既に出た名詞と同種で「不特定の物」を指し、「a [an]＋単数名詞」を表します。例文では、oneは前の文で出たa red pen (赤ペン) を指しています。既に出た「特定の物」を指すitと、「不特定の物」指すoneの違いを押さえておきましょう。また、oneにはone of Aで「Aのうちの1つ」という用法もあり、Aには必ず複数名詞が来ます。

+α oneには修飾語をつけることができます。

Day 17

□ Rule 33 Exercise ｜代名詞の種類

□ 33-1 日本語の内容に合うようにカッコ内の語句を並べ替えよう。

これは彼の最高の映画の1つです。

(one / is / his / of / this) best movies. ▶

　　□ best：最もよい、最高の（goodの最上級 [⊂ Rule 63-2]）

□ 33-2 日本語の内容に合うようにカッコ内の語句を並べ替えよう。

私はその日を忘れることができない。

(that / can't / I / day / forget). ▶

　　□ forget：〜を忘れる

□ Rule 34 Exercise ｜it、oneの用法

□ 34-1 正しい英文になるように空所に入る語句を❶〜❹から1つ選ぼう。

"When did you buy this watch?" "I bought (　　　) five years ago."

❶ it　❷ them　❸ a watch　❹ watch ▶

　　□ when：いつ　□ watch：腕時計　□ ago：（A agoで）今よりA前に

□ 34-2 日本語の内容に合うようにカッコ内の語句を並べ替えよう。

私は携帯電話をなくしてしまった。新しいのを買わなければならない。

I've lost my cellphone. I (buy / one / a / have / new / to). ▶

　　□ cellphone：携帯電話

Check 3 Pointを押さえてフィニッシュ！

Listen 》 解説を読んだら、**MP3-066**で左ページの英文を聞いてみよう。

【解答】 This is one of his best movies.

代名詞は名詞の「代」わりに用いられます。ここでは、thisは何かの映画作品の名前、hisは誰か映画監督の名前の代わりに使われています。oneも「1つ」を指す代名詞です。

【解答】 I can't forget that day.

this、these、that、thoseといった指示代名詞や、不定代名詞はそのままの形で名詞を修飾できます。解答文では、指示代名詞のthatが名詞のdayを修飾しています。人称代名詞は所有格の形で名詞を修飾します。

Listen 》 解説を読んだら、**MP3-068**で左ページの英文を聞いてみよう。

【解答と訳】 ❶ 「この腕時計をいつ買いましたか?」「5年前に買いました」

itは既に出た特定の単数名詞を指します。ここでは空所に入るのは特定のthe watch(その時計)ですので、❶が正解になります。❷のthem(それらを)は既に出た特定の複数名詞を受けるので不可。不定冠詞のa [🔲 Rule 04-2]は不特定の物を指すので、❸はここでは使えません。watch(腕時計)は可算名詞なので冠詞のない❹も外れます。

【解答】 I've lost my cellphone. I have to buy a new one.

oneには修飾語をつけることができます。ここではa new one(新しい物)= a new cellphone(新しい携帯電話)を表しています。

Day 18　代名詞2

代名詞の -one、-thing は形容詞が後ろにつくことに要注意。所有代名詞と再帰代名詞の使い方もしっかりマスターしよう。

☐ Rule 35 ｜ 不定代名詞 -one、-thing の用法

☐ 35-1 人を指す -one、-body

❶ Everyone wants peace.
（みんなが平和を望んでいる）

❷ We need someone new in our team.
（私たちはチームに誰か新しい人を必要としている）

❸ Does anyone know the answer to this question?
（誰かこの問題の答えを知っていますか?）

☐ 35-2 物を指す -thing

❶ Is everything going all right?
（すべて順調にいっていますか?）

❷ Something good will happen.
（何かいいことが起こるだろう）

❸ I know nothing about him.
（私は彼について何も知らない）

　☐ go all right : 順調にいく

☐ Rule 36 ｜ 所有代名詞と再帰代名詞

☐ 36-1 「自分の物」を表す所有代名詞

❶ That golden ax is mine.
（その金のおのは私の物だ）

❷ Is this bike yours?
（この自転車はあなたの物ですか?）

❸ The future is ours.
（未来は私たちの物だ）

　☐ golden : 金（製）の　☐ ax : おの　☐ bike : 自転車（＝ bicycle）

☐ 36-2 「自分自身を［で］」を表す再帰代名詞

❶ Can you introduce yourself?
（自己紹介してくれますか?）

❷ She sometimes travels by herself.
（彼女は時々一人旅をする）

　☐ introduce oneself : 自己紹介をする　☐ sometimes : 時々　☐ travel : 旅行する　☐ by oneself : 一人（だけ）で

Rule 35
▽
Rule 36

Chapter 1
主語と動詞

Chapter 2
文型

Chapter 3
文の種類

Chapter 4
時制

Chapter 5
助動詞

Chapter 6
形容詞

Chapter 7
代名詞

Chapter 8
副詞

Chapter 9
不定詞

Chapter 10
動名詞

Chapter 11
分詞

Chapter 12
受動態

Chapter 13
疑問詞

Chapter 14
比較

Chapter 15
接続詞

Chapter 16
仮定法過去

Chapter 17
関係代名詞

Chapter 18
前置詞

Check 1 Rule をチェック!

Listen 》 解説を読んだら、**MP3-069**で左ページの英文を聞いてみよう。

everyoneは「誰でも」、someoneは「誰か」、anyoneは「(否定・疑問文で)誰も [か];(肯定文で)誰でも、どの人も」、no oneは「誰も〜ない」を表し、いずれも単数形として扱います。no oneだけは1語にしないことに注意しましょう(nobodyは1語でつづります)。-one は everybodyのように -bodyで表せますが、-bodyのほうが口語的です。また、❷のsomeone new(誰か新しい人)のように、-one、-bodyを修飾する形容詞は後ろにつけます。

everythingは「すべてのこと [物]」、somethingは「何か」、anything は「(否定・疑問文で)何も [か];(肯定文で)何でも、どれでも」、nothingは「何も〜ない」を表し、いずれも単数形として扱います。-one、-bodyと同様、❷の something good(何かいいこと)のように、-thingを修飾する形容詞は後ろにつけます。

Listen 》 解説を読んだら、**MP3-071**で左ページの英文を聞いてみよう。

所有代名詞(〜の物)は「人称代名詞の所有格＋名詞」を表します。❶のmine(私の物)はmy ax(私のおの)、❷のyours(あなたの物)はyour bike(あなたの自転車)、❸のours(私たちの物)はour future(私たちの未来)を指しています。

+α 所有代名詞の種類(人称代名詞の主格→所有代名詞):I→mine、you→yours、he→his、she→hers、we→ours、they→theirs
+α itの所有代名詞its(それの物)はほとんど用いられません。

再帰代名詞は -self、-selvesという形で「〜自身を [で]」を表します。❶のintroduce oneselfは「自分自身を紹介する」→「自己紹介する」となります。❷のby oneselfは「自分自身によって」から転じて「一人(だけ)で」を表しています。

+α 再帰代名詞の種類(人称代名詞の主格→再帰代名詞):I→myself、you→yourself [yourselves(複数)]、he→himself、she→herself、it→itself、we→ourselves、they→themselves
+α 再帰代名詞を用いた重要表現:□ by oneself:一人(だけ)で □ enjoy oneself:楽しむ □ help oneself to A:A(飲食物)を自分で取って食べる

Check 2 Exercise にチャレンジ!

☐ Rule 35 Exercise | 不定代名詞 -one、-thing の用法

☐ 35-1 日本語の内容に合うように空所に入る語句を❶〜❹から1つ選ぼう。

誰かが私の名前を呼んだ。

(　　　) called my name.

❶ Everyone ❷ Someone ❸ Anyone ❹ No one

☐ 35-2 日本語の内容に合うようにカッコ内の語句を並べ替えよう。

彼女は私に何か面白いことを話した。

She (something / me / interesting / told).

☐ Rule 36 Exercise | 所有代名詞と再帰代名詞

☐ 36-1 日本語の内容に合うように空所に入る語を❶〜❹から1つ選ぼう。

これはあなたの物ではない。私の物だ。

This is not yours. It's (　　　).

❶ I ❷ my ❸ me ❹ mine

☐ 36-2 日本語の内容に合うように空所に入る語を❶〜❹から1つ選ぼう。

彼らは楽しんでいた。

They were enjoying (　　　).

❶ their ❷ them ❸ theirs ❹ themselves

Rule 35
▼
Rule 36

Chapter 1
主語と動詞

Chapter 2
文型

Chapter 3
文の種類

Chapter 4
時制

Chapter 5
助動詞

Chapter 6
形容詞

Chapter 7
代名詞

Chapter 8
副詞

Chapter 9
不定詞

Chapter 10
動名詞

Chapter 11
分詞

Chapter 12
受動態

Chapter 13
疑問詞

Chapter 14
比較

Chapter 15
接続詞

Chapter 16
仮定法過去

Chapter 17
関係代名詞

Chapter 18
前置詞

Check 3 Point を押さえてフィニッシュ！

Listen 》》 解説を読んだら、**MP3-070**で左ページの英文を聞いてみよう。

【解答】 ②

anyoneは肯定文では「誰でも、どの人も」を表します。選択肢の意味はそれぞれ、❶「誰でも」、❷「誰か」、❸「誰でも、どの人も」、❹「誰も〜ない」です。従って、日本語の内容に合う❷が正解になります。

【解答】 She told me something interesting.

「something＋形容詞」という語順に注意しましょう。この文は第4文型 [🔁 Rule 09-2] でtoldがV（動詞）、meがO₁（間接目的語）になっています。O₂（直接目的語）に当たる「何か面白いこと」は、something interestingのように「something＋形容詞」で表します。

Listen 》》 解説を読んだら、**MP3-072**で左ページの英文を聞いてみよう。

【解答】 ④

I（私は）の所有代名詞はmineです。❷はIの所有格、❸は目的格です。なお、「トムの物」のように「（人名）の物」を表すときは、Tom'sのように人名に「's」をつけます。Tom'sは「トムの」という所有格も表します。

【解答】 ④

enjoy oneselfで「楽しむ」を表します。従って、❹が正解になります。❶はtheyの所有格、❷は目的格、❸は所有代名詞 [🔁 Rule 36-1] です。enjoy oneselfは、"Enjoy yourself!"（楽しんでね!）のように命令文でもよく使われます。

☐ E037　この子イヌたちはとてもかわいらしい。

(are / this / puppies / these) so sweet.（1語不要）

▶

☐ **puppy**：子イヌ　☐ **sweet**：かわいらしい

☐ E038　そのテニス選手は私のアイドルの1人だ。

The tennis player (my / one / is / idols / of).

▶

☐ **idol**：アイドル

☐ E039　私は彼女に何か特別な物をあげたい。

I want to (special / her / give / something).

▶

☐ **want to do**：〜したい　☐ **special**：特別な［の］

☐ E040　この帽子はあなたの物ですか？

Is this hat (　you　)?

▶

☐ E041　あなたは自分を信じなければならない。

You (yourself / to / have / trust).

▶

☐ **trust**：〜を信用［信頼］する

☐ E042　彼は一人でその家を建てた。

He built the house by (　he　).

▶

☐ **built**：build（〜を建てる）の過去形

Chapter 7の学習の仕上げとして、章末問題にチャレンジ！　できなかった問題があったら、Chapter 7をもう1度復習しておこう。それでは、さっそくスタート！

E037
▼
E042

【解答】 These puppies are so sweet.

theseはthisの複数形で、「これら、これらの」を表します。ここでは主語はpuppies（子イヌたち）と複数形なので、「この子イヌたち」はthese puppiesとなります。従って、thisが不要です。

【解答】 The tennis player is one of my idols.

one of Aで「Aのうちの1つ」を表します。ここでは、one of my idolsで「私のアイドルの1人」を表しています。one of AのAには必ず複数名詞が入ります。

【解答】 I want to give her something special.

-thing、-one、-bodyを修飾する形容詞は後ろにつけます。ここではsomething（何か）の後ろにspecial（特別な）が置かれ、something specialで「何か特別な物」を表しています。

【解答】 yours

yoursで「あなたの物」を表します。このほかにも、mine（私の物）、his（彼の物）、hers（彼女の物）、ours（私たちの物）、theirs（彼らの物）も押さえておきましょう。

【解答】 You have to trust yourself.

trust oneselfで「自分自身を信用する」→「自分を信じる」を表します。ここではtrust yourselfで「あなた自身を信じる」を表しています。

【解答】 himself

by oneselfで「一人（だけ）で」を表します。再帰代名詞を用いた表現として、enjoy oneself（楽しむ）、help oneself to A（A［飲食物］を自分で取って食べる）も覚えておきましょう。

Chapter 8

副詞

Chapter 8では、副詞の用法をマスターしていきます。まずは、時を表す副詞の使い分けを押さえ、その後に程度を表す副詞と、頻度を表す副詞を見ていきましょう。

Day 19 副詞1

Chapter 8では「副詞」をチェック。まずは、
stillとyetとalreadyの使い分けを押さえよ
う。ポイントは、肯定・否定・疑問文だよ。

☐ Rule 37 | 時を表す副詞 still、yet、already の用法

☐ 37-1 「まだ」を表す still、yet

❶ I still love her.
(私はまだ彼女を愛している)

❷ She hasn't arrived yet.
(彼女はまだ到着していない)

❸ Have you brushed your teeth yet?
(もう歯を磨きましたか?)

☐ brush one's teeth : 歯を磨く

☐ 37-2 「もう、既に」を表す already

Hurry up! The game has already started.
(急いで! 試合がもう始まっています)

☐ hurry up : 急ぐ

☐ Rule 38 | 時を表す副詞 ago、before の用法

☐ 38-1 「今より A 前に」を表す A ago

I bought the guitar 10 years ago.
(私はそのギターを10年前に買った)

☐ 38-2 「以前に」を表す before

I have met her somewhere before.
(私は以前にどこかで彼女に会ったことがある)

☐ somewhere : どこかで

Rule 37
Rule 38

Chapter 1
主語と動詞

Chapter 2
文型

Chapter 3
文の種類

Chapter 4
時制

Chapter 5
助動詞

Chapter 6
形容詞

Chapter 7
代名詞

Chapter 8
副詞

Chapter 9
不定詞

Chapter 10
動名詞

Chapter 11
分詞

Chapter 12
受動態

Chapter 13
疑問詞

Chapter 14
比較

Chapter 15
接続詞

Chapter 16
仮定法過去

Chapter 17
関係代名詞

Chapter 18
前置詞

Check 1 Ruleをチェック!

Listen 》 解説を読んだら、**MP3-073**で左ページの英文を聞いてみよう。

動詞を修飾するのが副詞の主な働きです。副詞のstillは、肯定文（❶）と疑問文で「まだ」を表します。yetは否定文（❷）で「まだ」、疑問文（❸）で「もう」を表します。いずれも、「まだ愛している」（❶）、「まだ到着していない」（❷）、「もう磨きましたか」（❸）のように、動詞を修飾していることを確認しましょう。副詞は、動詞以外にも形容詞・ほかの副詞も修飾します [Rule 39]。

alreadyは肯定文で「もう、既に」を表します。なお、例文は完了・結果を表す現在完了形 [Rule 20-1] で、「試合がもう始まっていて、まだ現在も続いている」ことを表しています。完了・結果の現在完了形では、alreadyのほかyet（否定文で「まだ」、疑問文で「もう」）やjust（たった今）などの副詞もよく用いられます。

Listen 》 解説を読んだら、**MP3-075**で左ページの英文を聞いてみよう。

A agoは「今よりA前に」を表し、過去時制 [Rule 16] で用いるのが原則です。例文ではAに10 yearsが入り、10 years agoで「（今から）10年前に」を表しています。agoを前置詞 [Chapter 18] と勘違いして（×）ago Aとしないように注意しましょう。

副詞のbeforeは「以前に、今までに」を表し、現在完了時制 [Rule 19-1] で用いることが多く、普通は文尾に置かれます。beforeには「～する前に」を表す接続詞の用法 [Rule 68-1] や、「～よりも前に」を表す前置詞の用法もあります。

Check 2 Exercise にチャレンジ!

□ Rule 37 Exercise | 時を表す副詞 still、yet、already の用法

□ 37-1 日本語の内容に合うように空所に入る語を❶〜❹から1つ選ぼう。

昼食はもう食べましたか?

Have you eaten lunch (   )?

❶ never ❷ ever ❸ just ❹ yet

□ 37-2 日本語の内容に合うように空所に入る語を❶〜❹から1つ選ぼう。

その電車は既に駅を出た。

The train has (   ) left the station.

❶ just ❷ yet ❸ already ❹ ever

□ left : leave(〜を去る、出る)の過去分詞形

□ Rule 38 Exercise | 時を表す副詞 ago、before の用法

□ 38-1 日本語の内容に合うようにカッコ内の語句を並べ替えよう。

彼は数カ月前に日本に来た。

He came to Japan (months / few / ago / a).

□ 38-2 日本語の内容に合うようにカッコ内の語句を並べ替えよう。

以前にオーストラリアに行ったことがありますか?

(been / you / before / have / Australia / to)?

Check 3 Pointを押さえてフィニッシュ！

Listen 》 解説を読んだら、**MP3-074**で左ページの英文を聞いてみよう。

【解答】 ④

yetは疑問文で「もう」を表します。ほかの選択肢も副詞で、❶のneverは「(これまでに一度も) 〜したことがない」、❷のeverは「これまでに」、❸のjustは「たった今」という意味です。yetも含め、いずれも現在完了時制 [Rule 19、20] でよく用いられます。

【解答】 ❸

現在完了形で使われるjustは「たった今」、yetは否定文で「まだ」、疑問文で「もう」、alreadyは「もう、既に」を表します。❶のjustを入れても文法的に間違いではありませんが、日本語が「既に」となっているので❸が正解になります。❹のever (これまでに) は現在完了形の経験用法 [Rule 19-1] でよく用いられます。

Listen 》 解説を読んだら、**MP3-076**で左ページの英文を聞いてみよう。

【解答】 He came to Japan a few months ago.

A ago (今よりA前に) を (×) ago Aの語順にしないように注意しましょう。ここではカッコ内にaとfewがあることに注目し、a few (少しの) [Rule 29-1] の後にmonthsを続け、a few months (数カ月) を作ります。その後にagoを置けば、a few months agoで「数カ月前に」を表せます。

【解答】 Have you been to Australia before?

副詞のbefore (以前に、今までに) は普通は文尾に置かれます。have been to Aは「Aに行ったことがある」という経験を表します [Rule 19-1]。

Day 20　副詞2

本書も今日で折り返し地点を通過！ これから学習内容も難しくなってくるけど、一歩一歩、着実にマスターしていこう。

□ Rule 39 | 程度を表すtoo、almostの用法

□ 39-1 『あまりに、度を超えて』を表すtoo

❶ **The noise is too loud.**
（その騒音はあまりにうるさい）

❷ **It's too hot to run outside.**
（あまりに暑いので外で走れない）

□ noise：騒音、雑音　□ loud：うるさい、騒々しい　□ outside：外で［に］

□ 39-2 『ほとんど』を表すalmost

❶ **I have almost finished my project.**
（私は研究課題をほとんど終えた）

❷ **My grandmother plays the piano almost every day.**
（私の祖母はほとんど毎日ピアノを弾く）

□ project：（学校での）研究［学習］課題

□ Rule 40 | 頻度を表すalways、oftenの用法

□ 40-1 『いつも、常に』を表すalways

❶ **I always take a walk in the morning.**
（私はいつも朝に散歩する）

❷ **This street is always busy.**
（この通りはいつも交通量が多い）

□ take a walk：散歩する　□ busy：（道路などが）交通量の多い

□ 40-2 『よく、しばしば』を表すoften

❶ **We often go to karaoke together.**
（私たちはよく一緒にカラオケに行く）

❷ **Sam is often late for work.**
（サムはよく仕事に遅刻する）

□ late：（～に）遅れて、遅刻して（for ～）

Rule 39
Rule 40

Chapter 1
主語と動詞

Chapter 2
文型

Chapter 3
文の種類

Chapter 4
時制

Chapter 5
助動詞

Chapter 6
形容詞

Chapter 7
代名詞

Chapter 8
副詞

Chapter 9
不定詞

Chapter 10
動名詞

Chapter 11
分詞

Chapter 12
受動態

Chapter 13
疑問詞

Chapter 14
比較

Chapter 15
接続詞

Chapter 16
仮定法過去

Chapter 17
関係代名詞

Chapter 18
前置詞

Check 1 Rule をチェック!

Listen)) 解説を読んだら、MP3-077で左ページの英文を聞いてみよう。

too は「あまりに、度を超えて」を表します。❶ではtooは形容詞のloud（うるさい）を修飾して、too loudで「あまりにうるさい」を表しています。また、tooは❷のように、too A（形容詞・副詞）to do（〜するにはA過ぎる、あまりにAなので〜できない）という形でよく使われます。このto do（to不定詞）は直前の形容詞・副詞を修飾する副詞的用法 [Rule 44] です。

+α tooは肯定文の文尾に置いて「〜もまた」も表します。

almostは「ほとんど、〜も同然」を意味し、「ある状態に近づいているが、完全にはそうなっていない」ことを表します。❶では、研究課題を終えていないものの、ほとんど終えた（have almost finished）ことを表しています。また、almostは❷のようにeveryや、everything（すべてのこと）、everyone（誰でも）、all（すべての）などとよく用いられ、「ほとんどすべて〜」を表すことも覚えておきましょう。ここではalmost every dayで「ほとんどすべての日」→「ほとんど毎日」となります。

Listen)) 解説を読んだら、MP3-079で左ページの英文を聞いてみよう。

alwaysは「いつも、常に、必ず」という頻度を表します。alwaysは一般動詞の前（❶）、be動詞の後（❷）に置かれるのが普通です。また、助動詞がある場合は、助動詞の後に置きます。命令文では普通は文頭に置かれます。

oftenは「よく、しばしば」を表します。多くの場合、「オフン」のようにoftenのtは発音されません。oftenの置かれる位置は、一般動詞の前（❶）、be動詞の後（❷）、助動詞の後が普通です。頻度を表す副詞を、頻度の高い順に並べると、always（いつも）[Rule 40-1] → usually（たいてい）→ often → sometimes（時々）となります。

Check 2 Exercise にチャレンジ!

☐ Rule 39 Exercise | 程度を表すtoo、almostの用法

☐ 39-1 日本語の内容に合うようにカッコ内の語句を並べ替えよう。

このセーターは私には小さ過ぎる。

This (small / is / me / sweater / too / for). ▶

☐ sweater：セーター

☐ 39-2 日本語の内容に合うようにカッコ内の語句を並べ替えよう。

私はその試験の準備がほとんどできている。

I'm (for / ready / exam / the / almost). ▶

☐ be ready for A：Aの準備［用意］ができている　☐ exam：試験、テスト（examinationの短縮形）

☐ Rule 40 Exercise | 頻度を表すalways、oftenの用法

☐ 40-1 日本語の内容に合うようにカッコ内の語句を並べ替えよう。

いつでも私を頼りにしていいですよ。

You (on / always / can / me / rely). ▶

☐ rely on A：Aを頼りにする、当てにする

☐ 40-2 日本語の内容に合うように空所に入る語を❶〜❹から1つ選ぼう。

彼女はよく物をなくす。

She (　　) loses things. ▶

❶ always ❷ often ❸ sometimes ❹ never

☐ lose：〜を失う、なくす　☐ never：決して〜ない

Check 3 Pointを押さえてフィニッシュ！

Listen 》 解説を読んだら、**MP3-078**で左ページの英文を聞いてみよう。

【解答】 This sweater is too small for me.

too A（形容詞・副詞）for Bで「BにはA過ぎる」表します。ここではtoo small for meで「私には小さ過ぎる」となっています。なお、sweater（セーター）は「スウェター」のように発音します。英文を聞いて確認しておきましょう。

【解答】 I'm almost ready for the exam.

almost（ほとんど）は形容詞や副詞も修飾します。ここではalmostは形容詞のreadyを修飾して、be almost readyで「ほとんど準備ができている」を表しています。

Listen 》 解説を読んだら、**MP3-080**で左ページの英文を聞いてみよう。

【解答】 You can always rely on me.

助動詞がある場合、alwaysは助動詞の後に置きます。ここでは許可を表す助動詞のcan（〜してよい）[Rule 22-2] があるので、can alwaysという語順になります。

【解答】 ❷

often（よく）は、always（いつも）（❶）とsometimes（時々）（❸）の間くらいの頻度を表します。文法的には、「いつもなくす」（❶）、「時々なくす」（❸）、「決してなくさない」（❹）も正しい文になりますが、日本語の内容に合った❷が正解になります。

CHAPTER 8 副詞：End-of-Chapter Exercise

☐ E043　あなたはまだ両親と一緒に住んでいますか？

Do you (　　　) live with your parents?

❶ still　❷ yet　❸ already　❹ just

☐ E044　私はまだあきらめていない。

I (up / haven't / yet / given).

☐ give up：あきらめる

☐ E045　彼女は数分前に家を出た。

She left the house (minutes / ago / few / a).

☐ leave the house：家を出る（left は leave の過去形）

☐ E046　バクテリアはあまりに小さいので顕微鏡なしで見ることはできない。

Bacteria are (see / too / small / to) without a microscope.

☐ bacteria：バクテリア、細菌（複数扱い）　☐ without：〜なしで　☐ microscope：顕微鏡

☐ E047　ほとんどすべての家にはエアコンがある。

(have / all / almost / houses / every) air conditioning.（1語不要）

☐ air conditioning：エアコン、空調設備

☐ E048　いつも正しいことをしなさい。

(right / do / the / always / thing).

☐ right：正しい

Chapter 8の学習の仕上げとして、章末問題にチャレンジ！ できなかった問題があったら、Chapter 8をもう1度復習しておこう。それでは、さっそくスタート！

E043
▼
E048

【解答】 ❶

stillは肯定文・疑問文で「まだ」を表します。❷のyetは疑問文では「もう」を表すので不可。❸のalready（既に）、❹のjust（たった今）も日本語の意味に合いません。

【解答】 I haven't given up yet.

yetは否定文で「まだ」を表し、普通は文尾に置かれます。yetは疑問文では「もう」を表します。

【解答】 She left the house a few minutes ago.

A agoで「今よりA前に」を表します。ここではAにa few minutes（数分）が来て、a few minutes agoで「数分前に」を表しています。

【解答】 Bacteria are too small to see without a microscope.

too A（形容詞・副詞）to doで「あまりにAなので〜できない、〜するにはA過ぎる」を表します。ここでは、Aに形容詞のsmall（小さい）、doにsee（〜を見る）が来ています。

【解答】 Almost all houses have air conditioning.

almost allで「ほとんどすべての」を表します。almost everyも「ほとんどすべての」を表しますが、everyは単数名詞を修飾するので、ここではeveryが不要な語になります。

【解答】 Always do the right thing.

always（いつも、常に）は、命令文では普通は文頭に置かれます。従って、文頭にalwaysを置き、その後に動詞のdo（〜をする）、さらにdoの目的語のthe right thing（正しいこと）を続ければ文が完成します。

Chapter 9

不定詞

Chapter 9では、不定詞の用法をマスターしていきます。まずは、to不定詞の3用法を押さえましょう。toなしの原形不定詞は「動詞＋目的語＋do」の語順が大切です。

英語でコレ言える？

この机を運ぶのを手伝ってくれますか？

Can you (　) (　) (　) this desk?

▼
答えはRule 45でチェック！

Chapter 9では「不定詞」をチェック。今日はto不定詞の名詞的用法を押さえよう。まずは補語・目的語になるto不定詞から。

☐ Rule 41 | to不定詞の名詞的用法1

☐ 41-1 文の補語になる

My goal is to get 1,000 followers.
   V   C

（私の目標は1000人のフォロワーを獲得することだ）

☐ goal：目標　☐ follower：（SNSなどの）フォロワー

☐ 41-2 文の目的語になる

❶ She decided to study abroad.
    V   O

（彼女は留学しようと決心した）

❷ I would like to say thank you to all of you.
  V   O

（私は皆さん全員にありがとうと言いたい）

☐ decide to do：〜しようと決心する　☐ study abroad：留学する　☐ would like to do：〜したい（want to doよりも丁寧）

☐ Rule 42 | to不定詞の名詞的用法2

☐ 42-1 It is A to do（〜するのはAだ）

❶ It is important to learn about other cultures.
         真の主語

（異文化について学ぶことは大切だ）

❷ It takes about 30 minutes to get there.
         真の主語

（そこに着くのに約30分かかる）

☐ learn about A：Aについて学ぶ　☐ culture：文化　☐ about：約、およそ　☐ get there：そこに着く

☐ 42-2 It is A for B to do（〜するのはBにとってAだ）

It is dangerous for children to walk along this road.
          真の主語

（この道沿いを歩くのは子どもたちにとって危険だ）

☐ dangerous：危険な　☐ along：〜に沿って

Chapter 1
主語と動詞

Chapter 2
文型

Chapter 3
文の種類

Chapter 4
時制

Chapter 5
助動詞

Chapter 6
形容詞

Chapter 7
代名詞

Chapter 8
副詞

Chapter 9
不定詞

Chapter 10
動名詞

Chapter 11
分詞

Chapter 12
受動態

Chapter 13
疑問詞

Chapter 14
比較

Chapter 15
接続詞

Chapter 16
仮定法過去

Chapter 17
関係代名詞

Chapter 18
前置詞

Check 1 Ruleをチェック!

Listen 》 解説を読んだら、**MP3-081**で左ページの英文を聞いてみよう。

to不定詞は、to do（動詞の原形）の形で名詞・形容詞・副詞のような働きをします。例文はto不定詞の名詞的用法で、ここでは第2文型（「S＋V＋C」）[□ Rule 08]のC（補語）の位置に置かれています。「S（私の目標）＝C（1000人のフォロワーを獲得すること）」という関係になっていることを確認しましょう。to不定詞の名詞的用法は、多くの場合で「～すること」と訳せます。

■+αto不定詞の名詞的用法が文頭で主語として使われることはあまりありません。

to不定詞の名詞的用法は文の目的語（O）にもなります。この場合もto不定詞は「～すること」と訳せる場合が多く、❶のdecide to doは「～することを決める」→「～しようと決心する」、❷のwould like to doは「～することを欲する」→「～したい」を表しています。

■+α このほかの「動詞＋to do」型の重要表現：□ need to do：～する必要がある　□ want to do：～したい（would like to doのほうが丁寧）　□ try to do：～しようとする　□ hope to do：～することを望む

Listen 》 解説を読んだら、**MP3-083**で左ページの英文を聞いてみよう。

It is A（形容詞）to doで「～するのはAだ」を表します。英語では長い主語を使うことを避ける傾向があります。例えば、❶はTo learn about other cultures is important.としても正しい文ですが、主語が長いためTo do is AをIt is A to doのようにするのが普通です。同じく、To do takes Aも、❷のようにIt takes A（時間）to do（～するのにA［時間］がかかる）とします。このto不定詞も名詞的用法です。これらのItは形の上での主語で「形式主語」と呼ばれ、訳す必要はありません。これに対し、to doの部分を「真の主語」と呼びます。

It is A（形容詞）for B（人）to doで「～するのはBにとってAだ」を表します。このItも形式主語であり、真の主語はto doの部分になります。例文では、to walk along this road（この道沿いを歩くこと）が真の主語です。

Check 2 Exerciseにチャレンジ！

☐ Rule 41 Exercise | to不定詞の名詞的用法1

☐ 41-1 日本語の内容に合うようにカッコ内の語句を並べ替えよう。

私の夢は億万長者になることだ。

My dream (a / to / is / billionaire / be). ▶

☐ billionaire：億万長者

☐ 41-2 日本語の内容に合うようにカッコ内の語句を並べ替えよう。

あなたはもっと運動をする必要がある。

You (exercise / to / more / need). ▶

☐ exercise：運動をする ☐ more：もっと（多く）

☐ Rule 42 Exercise | to不定詞の名詞的用法2

☐ 42-1 日本語の内容に合うようにカッコ内の語句を並べ替えよう。

新しい言語を学ぶのは難しい。

It (language / learn / a / difficult / is / new / to). ▶

☐ language：言語

☐ 42-2 日本語の内容に合うようにカッコ内の語句を並べ替えよう。

そのクイズに答えるのは彼にとって簡単だった。

(him / was / to / easy / answer / for / it) the quiz. ▶

☐ quiz：クイズ

Listen 》 解説を読んだら、**MP3-082**で左ページの英文を聞いてみよう。

【解答】 My dream is to be a billionaire.

「S（My dream ［私の夢］）＝ C（to be a billionaire ［億万長者になること］）」
という関係を押さえましょう。この2つの要素をbe動詞のisが結んでいます。

【解答】 You need to exercise more.

need to doで「〜する必要がある」を表します。このto不定詞は動詞のneed
（〜を必要とする）の目的語になっていて、「〜することを必要とする」→「〜
する必要がある」となります。必要性の程度は、mustやhave to（〜しなけ
ればならない）［ Rule 23-1］よりも弱くなります。

Listen 》 解説を読んだら、**MP3-084**で左ページの英文を聞いてみよう。

【解答】 It is difficult to learn a new language.

形式主語のItはto不定詞の内容を指します。ここではIt = to learn a new
language（新しい言語を学ぶこと）を表しており、形式主語のItは訳す必要
はありません。

【解答】 It was easy for him to answer the quiz.

It is A for B to do（〜するのはBにとってAだ）の過去形はIt was A for B to
do（〜するのはBにとってAだった）、未来形はIt will be A for B to do（〜す
るのはBにとってAだろう）で表します。ここでは「簡単だった」と過去形の
文なので、最初にIt was easy（形容詞）の固まりを作り、その後に「彼にと
って」に当たるfor him、さらにto不定詞のto answerを続ければ文が完成
します。

Day 22　不定詞2

今日はto不定詞の形容詞的用法と副詞的用法をチェック。例文下の矢印（←）が修飾するものを確認しながら学習を進めよう。

□ Rule 43 | to不定詞の形容詞的用法

□ 43-1 直前の名詞を修飾する1（名詞がto不定詞の主語・目的語になる）

❶ I need someone to help me.
　　　　　　代名詞　　←
（私は私を手伝ってくれる人を必要としている）

❷ He has a lot of things to do today.
　　　　　　　　　　名詞　　←
（彼には今日、やるべきたくさんのことがある）

□ a lot of：たくさんの

□ 43-2 直前の名詞を修飾する2（名詞の内容を説明する）

I have a plan to visit Vietnam next month.
　　　　　名詞　　←
（私は来月ベトナムを訪れる計画がある）

□ plan：計画　□ Vietnam：ベトナム

□ Rule 44 | to不定詞の副詞的用法

□ 44-1 動詞を修飾する（目的を表す）

She entered the university to study law.
　　　動詞　　　　　　　　　←
（彼女は法学を学ぶためにその大学に入学した）

□ enter：〜に入学する　□ university：大学　□ law：法学

□ 44-2 形容詞を修飾する（感情の原因を表す）

❶ He was surprised to know the truth.
　　　　　形容詞　　←
（彼は真実を知って驚いた）

❷ I felt happy to meet him.
　　　　形容詞　　←
（私は彼に会えて幸せを感じた）

□ truth：真実

130 ▸ 131

Chapter 1
主語と動詞

Chapter 2
文型

Chapter 3
文の種類

Chapter 4
時制

Chapter 5
助動詞

Chapter 6
形容詞

Chapter 7
代名詞

Chapter 8
副詞

Chapter 9
不定詞

Chapter 10
動名詞

Chapter 11
分詞

Chapter 12
受動態

Chapter 13
疑問詞

Chapter 14
比較

Chapter 15
接続詞

Chapter 16
仮定法過去

Chapter 17
関係代名詞

Chapter 18
前置詞

Check 1 Ruleをチェック!

Listen 》 解説を読んだら、**MP3-085**で左ページの英文を聞いてみよう。

to不定詞の形容詞的用法では、to不定詞は直前の名詞を修飾します（「←」は前出の下線部の語を修飾していることを表します）。❶ではto help（手伝ってくれる）が直前のsomeone（誰か）を修飾しています。この場合、someoneはto helpの主語の働きをしています。❷ではto do（やるべき）がthings（こと）を修飾しており、thingsはto doの目的語の働きをしています。このように、直前の名詞がto不定詞の主語の場合、to不定詞は「～してくれる」、to不定詞の目的語の場合は「～する（べき）」のように訳せます。

to不定詞が直前の名詞の内容を説明する場合があります。例文では、名詞のplanはto visitの主語にも目的語にもなっていません。ここでは、to visit以下はplan（計画）の内容を説明しています。このような名詞とto不定詞の関係を「同格」と呼びます。同格関係を表すto不定詞は「～する（という）」のように訳せます。to不定詞と同格関係になる名詞には、chance to do（～する機会）、plan to do（～する計画）、promise to do（～する約束）、way to do（～する方法）などがあります。

Listen 》 解説を読んだら、**MP3-087**で左ページの英文を聞いてみよう。

目的を表すto不定詞の副詞的用法は「～するために、～するように」を表します。例文では、to study law（法学を学ぶために）が、動詞のentered（入学した）を修飾しています。

感情の原因を表すto不定詞の副詞的用法は、「～して」のように訳せます。例文はいずれも「S + V + C」の第2文型［ Rule 08］で、「S + V + C」の後にそれぞれ、to know the truth（真実を知って）、to meet him（彼に会えて）が続き、surprised（驚いた）、happy（幸せな）という感情の原因を表しています。この用法の表現には、be happy to do（～して幸せである）、be glad to do（～してうれしい）、be surprised to do（～して驚いている）、be sad to do（～して悲しい）、be excited to do（～して興奮している）などがあります。

Check 2 Exercise にチャレンジ!

□ Rule 43 Exercise | to不定詞の形容詞的用法

□ 43-1 日本語の内容に合うようにカッコ内の語句を並べ替えよう。

その街には訪れるべき場所がたくさんある。

(places / are / visit / many / there / to) in the city.

▶

□ 43-2 日本語の内容に合うようにカッコ内の語句を並べ替えよう。

昨日、私は彼女に会う機会があった。

Yesterday, (to / had / her / a / I / chance / meet).

▶

□ Rule 44 Exercise | to不定詞の副詞的用法

□ 44-1 正しい英文になるように空所に入る語句を❶〜❹から1つ選ぼう。

She went to Hiroshima (　　　　) her grandparents.

❶ see　❷ for see　❸ to see　❹ to seeing

▶

　　□ grandparents：祖父母

□ 44-2 日本語の内容に合うようにカッコ内の語句を並べ替えよう。

私に会えてうれしいですか?

(to / you / me / glad / see / are)?

▶

Chapter 1
主語と動詞

Chapter 2
文型

Chapter 3
文の種類

Chapter 4
時制

Chapter 5
助動詞

Chapter 6
形容詞

Chapter 7
代名詞

Chapter 8
副詞

Chapter 9
不定詞

Chapter 10
動名詞

Chapter 11
分詞

Chapter 12
受動態

Chapter 13
疑問詞

Chapter 14
比較

Chapter 15
接続詞

Chapter 16
仮定法過去

Chapter 17
関係代名詞

Chapter 18
前置詞

Check 3 Pointを押さえてフィニッシュ！

Listen))) 解説を読んだら、**MP3-086**で左ページの英文を聞いてみよう。

【解答】 There are many places to visit in the city.

to不定詞が修飾する直前の名詞がto不定詞の目的語の場合、to不定詞は「〜する（べき）」のように訳せます。ここでは、many places（多くの場所）はto visitの目的語の働きをしており、to visitは「訪れるべき」を意味しています。

【解答】 Yesterday, I had a chance to meet her.

chance to doで「〜する機会」を表し、to doはchanceの内容を説明します。ここではa chance to meet herで「彼女に会う機会」を表しています。

Listen))) 解説を読んだら、**MP3-088**で左ページの英文を聞いてみよう。

【解答と訳】 ❸ 彼女は祖父母に会うために広島に行った。

to不定詞は「to＋動詞の原形」で作られます。従って、正解は❸です。このto不定詞は目的を表す副詞的用法で、to see her grandparents（彼女の祖父母に会うために）が、動詞のwent（行った）を修飾しています。

【解答】 Are you glad to see me?

be glad to doで（〜してうれしい）を表します。正解文ではglad（うれしい）という感情の原因を、to see me（私に会えて）が表しています。

Day 23 不定詞3

今日のポイントはtoなしで使う「原形不定詞」の用法。「動詞＋目的語＋do」の形をしっかり身につけていこう。

□ Rule 45 | 「動詞＋目的語＋to do」の用法

□ 45-1 動詞＋目的語＋to do

❶ My doctor told me to lose weight.
　　　　　　　V　　O　　　to do

（医者は私に減量するように言った）

❷ I want everyone to be happy.
　　V　　　O　　　to do

（私はみんなに幸せになってほしい）

□ lose weight：減量する、やせる

□ 45-2 help＋目的語＋(to) do

Can you help me carry this desk?
　　　　　help　A　　do

（この机を運ぶのを手伝ってくれますか?）

□ carry：～を運ぶ

□ Rule 46 | 「使役動詞＋目的語＋do」の用法

□ 46-1 let＋目的語＋do

❶ Her father didn't let her go to the party.
　　　　　　　　　　　let　A　do

（彼女の父は彼女がそのパーティーに行くことを許さなかった）

❷ Let me ask a question.
　let　A　do

（質問させてください）

□ 46-2 make [have]＋目的語＋do

❶ She made her son go to the dentist.
　　　make　　A　　do

（彼女は息子に歯医者に行かせた）

❷ I'll have him call you back.
　　　have　A　do

（彼に折り返しあなたに電話をさせます）

□ go to the dentist：歯医者に行く　□ call A back：Aに折り返し電話をする

134 ▶ 135

Check 1 Rule をチェック!

Listen ⟫ 解説を読んだら、**MP3-089**で左ページの英文を聞いてみよう。

「動詞＋目的語（O）＋ to do」型の表現は、「Oに〜するように…する；Oに〜することを…する」を表します。❶では tell A to do（Aに〜するように言う）が使われており、tell me to lose weight で「私に減量するように言う」となります。❷は want A to do（Aに〜してほしい）を用いており、want everyone to be happy で「みんなに幸せになってほしい」を表しています。同じ型の表現として、ask A to do（Aに〜するよう頼む）も覚えておきましょう。

help A (to) do で「Aが〜するのを手伝う」を表します。help の場合は、help A do、help A to do のどちらも用いられますが、普通は to を省略します。

+α help A do の do のように、to なしで使う不定詞を原形不定詞と呼びます。
+α help を使った重要表現：□ help A with B：A（人）の B（仕事など）を手伝う

Listen ⟫ 解説を読んだら、**MP3-091**で左ページの英文を聞いてみよう。

使役動詞の let、make、have は、「使役動詞＋目的語＋ do」の語順を取ります。❶の let A do は「Aが〜することを許す、Aに〜させてやる」という「許可」を表します。❷の Let me do（動詞の原形）は「私に〜させてやってください」という原意から転じて、「私に〜させてください」と申し出る際によく使われます [⟲ Rule 13-2]。

make [have] A do は「Aに〜させる」という「強制」を意味します。make のほうが強制の度合いは強くなります。❶では make her son go で「彼女の息子に行かせる」、❷では have him call で「彼に電話させる」を表しています。

Chapter 1 主語と動詞
Chapter 2 文型
Chapter 3 文の種類
Chapter 4 時制
Chapter 5 助動詞
Chapter 6 形容詞
Chapter 7 代名詞
Chapter 8 副詞
Chapter 9 不定詞
Chapter 10 動名詞
Chapter 11 分詞
Chapter 12 受動態
Chapter 13 疑問詞
Chapter 14 比較
Chapter 15 接続詞
Chapter 16 仮定法過去
Chapter 17 関係代名詞
Chapter 18 前置詞

Check 2 Exercise にチャレンジ!

□ Rule 45 Exercise 「動詞＋目的語＋to do」の用法

□ 45-1 日本語の内容に合うようにカッコ内の語句を並べ替えよう。

私は彼に私を手伝ってくれるよう頼んだ。

(him / me / asked / help / to / I).

▶

□ 45-2 日本語の内容に合うようにカッコ内の語句を並べ替えよう。

私が洗車するのを手伝ってくれませんか？

Will you (the / wash / me / help / car)?

▶

□ Will you ～?：～してくれませんか？

□ Rule 46 Exercise 「使役動詞＋目的語＋do」の用法

□ 46-1 日本語の内容に合うようにカッコ内の語句を並べ替えよう。

私の両親は私が引っ越すことを許さないだろう。

My parents (me / out / let / move / won't).

▶

□ won't：will notの短縮形　□ move out：（現在の住居から）引っ越す、家を出て行く

□ 46-2 日本語の内容に合うようにカッコ内の語句を並べ替えよう。

私の上司は私に残業させた。

My boss (work / me / overtime / made).

▶

□ boss：上司　□ work overtime：残業する、時間外労働をする

Check 3 Pointを押さえてフィニッシュ！

Listen 》 解説を読んだら、**MP3-090**で左ページの英文を聞いてみよう。

【解答】 I asked him to help me.

ask A to doで「Aに〜するよう頼む」を表します。tell A to do（Aに〜するように言う）、want A to do（Aに〜してほしい）、ask A to doとも、Aがto doの主語の働きをしていることを確認しましょう。

【解答】 Will you help me wash the car?

help A (to) do（Aが〜するのを手伝う）のtoは多くの場合、省略されます。ここではカッコ内にtoがないので、help me wash the carで（私が洗車するのを手伝う）を表します。

Listen 》 解説を読んだら、**MP3-092**で左ページの英文を聞いてみよう。

【解答】 My parents won't let me move out.

「使役動詞のlet＋目的語」の後には動詞の原形（原形不定詞）が続きます。ここではlet me move outで「私が引っ越すことを許す」を表しています。let meの後に、動詞の原形のmoveが続いていることを確認しましょう。

【解答】 My boss made me work overtime.

make A doで「Aに〜（強制的に）させる」を表します。正解文ではmake me work overtimeで「（強制的に）私に残業させる」を表しています。have A doも「Aに〜させる」を意味しますが、haveのほうがmakeよりも強制の度合いは弱くなります。

□ E049 彼はいつも最善を尽くそうとする。

He always (to / best / do / tries / his).

▶

□ do one's best：最善を尽くす

□ E050 英語でスピーチをするのは私にとって難しい。

It (me / hard / make / to / for / is) a speech in English.

▶

□ hard：難しい、困難な　□ make a speech：スピーチ［演説］をする

□ E051 私はあなたに話すべきことがあります。

I (tell / something / have / you / to).

▶

□ E052 彼女はそのニュースを聞いて悲しかった。

She (news / sad / the / hear / was / to).

▶

□ sad：悲しい　□ hear：～を聞く

□ E053 私の両親は私に医者になってほしいと思っている。

My parents (be / me / a doctor / want / to).

▶

□ E054 私たちの先生は私たちに詩を書かせた。

Our teacher (poems / us / write / had).

▶

□ poem：詩

Chapter 9の学習の仕上げとして、章末問題にチャレンジ！ できなかった問題があったら、Chapter 9をもう1度復習しておこう。それでは、さっそくスタート！

【解答】 He always tries to do his best.

try to doで「〜しようとする」を表します。このto doは「〜すること」を表すto不定詞の名詞的用法でtryの目的語になっており、「〜することを試みる」→「〜しようとする」となります。ここでは、to doの部分にto do his best（最善を尽くすこと）が来ています。

【解答】 It is hard for me to make a speech in English.

It is A（形容詞）for B（人）to doで「〜するのはBにとってAだ」を表します。このItは形式主語で真の主語はto doの部分です。問題文の先頭にItがあるので、その後にis、さらにA（形容詞）に当たるhard（難しい）、for B（人）のfor me、to doのto makeを続ければ文が完成します。

【解答】 I have something to tell you.

直前の（代）名詞がto不定詞の目的語の場合、to不定詞は「〜する（べき）」のように訳せます。to不定詞の前に代名詞のsomething（何か、あること）が来ており、somethingはtell（〜を話す）の目的語になっています。something to tell youで「あなたに話すべきこと」を表しています。

【解答】 She was sad to hear the news.

be sad to doで「〜して悲しい」を表します。このto不定詞は感情の原因を表す副詞的用法で、to hear the news（そのニュースを聞いて）が形容詞のsadを修飾しています。

【解答】 My parents want me to be a doctor.

want A to doで「Aに〜してほしい」を表します。ここではAにme、to doにto be a doctorが来ており、want me to be a doctorで「私に医者になってほしい」を表しています。

【解答】 Our teacher had us write poems.

have A do（動詞の原形）で「Aに〜させる」を表します。（×）have A to doのようにto不定詞は使えないことに注意しましょう。make A doも「Aに〜させる」を表しますが、強制の度合いはmake A doのほうが強くなります。

Chapter 10

動名詞

Chapter 10では、動名詞の用法をマスターしていきます。名前の通り、名詞の役割をする品詞で、文中で主語、補語、目的語の役割を果たします。to不定詞との違いも要チェック！

英語でコレ言える？

彼女の趣味はバラを育てることだ。
Her hobby is (　　) (　　).

答えはRule 47でチェック！

Chapter 10では「動名詞」をチェック。to 不定詞の名詞的用法と似ているけど、違いを押さえながらマスターしていこう。

☐ Rule 47 | 動名詞の用法1

☐ 47-1 文の主語になる

<u>Learning English</u> is fun.
      S

（英語を学ぶのは楽しい）

☐ **fun**：楽しみ

☐ 47-2 文の補語になる

Her hobby is <u>growing roses</u>.
              C

（彼女の趣味はバラを育てることだ）

☐ **hobby**：趣味　☐ **grow**：（植物など）を育てる　☐ **rose**：バラ

☐ Rule 48 | 動名詞の用法2

☐ 48-1 動詞の目的語になる

❶ We enjoyed <u>talking</u> with each other.
                O

（私たちは互いに話して楽しんだ）

❷ He loves <u>talking</u> about himself.
            O

（彼は自分について話すのが大好きだ）

☐ **talk with A**：Aと話す　☐ **each other**：お互い　☐ **talk about A**：Aについて話す

☐ 48-2 前置詞の目的語になる

Thank you for <u>inviting</u> me.
               O

（私を招待していただきありがとうございます）

☐ **thank A for B**：AにBの礼を言う

Rule 47
Rule 48

Chapter 1
主語と動詞

Chapter 2
文型

Chapter 3
文の種類

Chapter 4
時制

Chapter 5
助動詞

Chapter 6
形容詞

Chapter 7
代名詞

Chapter 8
副詞

Chapter 9
不定詞

Chapter 10
動名詞

Chapter 11
分詞

Chapter 12
受動態

Chapter 13
疑問詞

Chapter 14
比較

Chapter 15
接続詞

Chapter 16
仮定法過去

Chapter 17
関係代名詞

Chapter 18
前置詞

Check 1 Rule をチェック!

Listen 》) 解説を読んだら、**MP3-093**で左ページの英文を聞いてみよう。

動名詞は doing（動詞＋ing）の形で、「〜すること、〜したこと」を表します。名前の通り、動名詞は名詞の性質を持ち、文中で名詞と同じような働きをします。例文では、Learning English（英語を勉強すること）は文の主語になっています。to不定詞の名詞的用法 [Rule 41、42] も「〜すること」を表しますが、一般にto不定詞は「未来のこと」、動名詞は「習慣的なこと、過去のこと」を表します。

動名詞は「習慣的なこと、過去のこと」、to不定詞の名詞的用法は「未来のこと」を表すのが原則です。趣味（hobby）は「習慣的なこと」なので、例文では growing roses（バラを育てること）のように動名詞が使われています。従って、ここでは growing roses を to grow roses とすることはできません。

Listen 》) 解説を読んだら、**MP3-095**で左ページの英文を聞いてみよう。

動名詞は動詞の目的語にもなります。❶、❷のtalkingはそれぞれenjoyed、lovesの目的語になっています。動詞には、動名詞だけを目的語に取るもの、to不定詞と動名詞の両方を目的語に取り意味が変わらないものがあります。

+α 動名詞だけを取る動詞：□ **enjoy doing**：〜して楽しむ　□ **finish doing**：〜し終える　□ **stop doing**：〜することをやめる
+α 両方を取る動詞：□ **like to do [doing]**：〜することを好む　□ **love to do [doing]**：〜することが大好きである　□ **start [begin] to do [doing]**：〜し始める

動名詞は前置詞の目的語にもなります。例文では、inviting（〜を招待すること）は前置詞forの目的語になっています。to不定詞は前置詞の目的語にはなれません。

+α 動名詞を用いた重要表現：□ **look forward to doing**：〜するのを楽しみに待つ

Check 2 Exercise にチャレンジ!

□ Rule 47 Exercise | 動名詞の用法1

□ 47-1 日本語の内容に合うようにカッコ内の語句を並べ替えよう。

音楽を聴くことは私に喜びを与える。

(to / gives / music / listening) me pleasure. ▶

□ pleasure：喜び、楽しさ

□ 47-2 日本語の内容に合うようにカッコ内の語句を並べ替えよう。

私の日課はビーチ沿いを歩くことです。

My routine (beach / along / walking / the / is). ▶

□ routine：日課　□ along：～に沿って

□ Rule 48 Exercise | 動名詞の用法2

□ 48-1 日本語の内容に合うように空所に入る語句を❶～❹から1つ選ぼう。

私はもうすぐその本を読み終えます。

I'll finish (　　　) the book soon. ▶

❶ read　❷ reads　❸ to read　❹ reading

□ 48-2 日本語の内容に合うようにカッコ内の語を正しい形に変えよう。

私は外国語を学ぶことに興味を持っている。

I'm interested in (study) foreign languages. ▶

□ be interested in A：Aに興味を持っている　□ foreign：外国の

Check 3 Pointを押さえてフィニッシュ！

Listen 》 解説を読んだら、**MP3-094**で左ページの英文を聞いてみよう。

【解答】 Listening to music gives me pleasure.

動名詞は単数扱いです。ここでは主語の Listening to music（音楽を聴くこと）は3人称単数なので、動詞には -s がついて gives になっています。

【解答】 My routine is walking along the beach.

「be動詞＋動名詞」を現在進行形と混同しないように注意しましょう。形は両者とも「be動詞＋doing」ですが、「私の日課が歩いている」では意味を成しません。ここでは walking along the beach（ビーチ沿いを歩くこと）は文の補語になっていることを確認しましょう。

Listen 》 解説を読んだら、**MP3-096**で左ページの英文を聞いてみよう。

【解答】 ④

finishは動名詞だけを目的語に取り、finish doing で「〜し終える」を意味します。従って、正解は④です。同じく、動名詞だけを目的語に取る動詞として、enjoy doing（〜して楽しむ）、stop doing（〜することをやめる）も押さえておきましょう。

【解答】 studying

前置詞 in の後に動詞が来る場合は動名詞にします。to不定詞の名詞的用法 [⊂ Rule 41] も「〜すること」を表しますが、前置詞の目的語にすることはできません。

☐ E055　朝食を食べることは健康にとって重要だ。

(important / breakfast / is / eating) for your health. ▶

☐ E056　私の気晴らしは家で映画を見ることだ。

My pastime is (watch) movies at home. ▶

☐ pastime：気晴らし、娯楽

☐ E057　彼は30歳でたばこを吸うのをやめた。

He stopped (smoke) at the age of 30. ▶

☐ at the age of A：A歳で

☐ E058　私のイヌは外で遊ぶのが大好きだ。

My (outside / playing / loves / dog). ▶

☐ outside：外で

☐ E059　このゲームは時間をつぶすのに最適だ。

This game is perfect for (kill) time. ▶

☐ perfect：(〜に) 最適の、ぴったりの (for 〜)　☐ kill time：時間をつぶす

☐ E060　あなたとまたお会いするのを私は楽しみにしています。

I'm (seeing / forward / you / to / looking / see) again.（1語不要） ▶

☐ look forward to doing：〜するのを楽しみに待つ

Chapter 10の学習の仕上げとして、章末問題にチャレンジ！ できなかった問題があったら、Chapter 10をもう1度復習しておこう。それでは、さっそくスタート！

E055
▼
E060

【解答】Eating breakfast is important for your health.

eating breakfastで「朝食を食べること」を表します。これを主語にして、その後にis important（重要である）を続ければ文が完成します。

【解答】watching

動名詞は文の補語にもなります。この文ではMy pastimeがS（主語）、isがV（動詞）、watching movies at home（家で映画を見ること）がC（補語）になっています。

【解答】smoking

stopは動名詞を目的語に取り、stop doingで「〜することをやめる」を表します。この意味では（×）stop to doとは言えないので注意しましょう。

【解答】My dog loves playing outside.

love doingで「〜することが大好きである」を表します。loveはto不定詞も目的語に取ることができ、love to doでも同じ意味を表します。

【解答】killing

前置詞の後では動詞は動名詞にします。問題文ではカッコの前に前置詞のforがあるので、動詞のkillを動名詞のkillingにすれば正しい文になります。

【解答】I'm looking forward to seeing you again.

look forward to doingで「〜するのを楽しみに待つ」を表します。ここではlook forward to seeing youで「あなたに会うのを楽しみに待つ」を表しています。従って、seeが不要な語になります。look forward to doingは会話ではしばしば進行形で用いられます。

Chapter 11

分詞

Chapter 11では、分詞の用法をマスターしていきます。まずは、現在分詞と過去分詞の違いを押さえましょう。その後に、名詞を後ろから修飾する場合の語順を身につけましょう。

英語でコレ言える？

私はイタリアで作られた服が大好きだ。

I love clothes（　　）（　　）（　　）.

答えは Rule 50 でチェック！

Day 25 分詞

> 分詞の学習ポイントは、名詞を前から修飾するか、後ろから修飾するか。ほかの語を伴う場合は、後ろから修飾するよ。

☐ Rule 49 | 分詞の種類

☐ 49-1 現在分詞

Don't wake a sleeping dog.
             →   名詞

(眠っているイヌを起こさないで)

☐ wake：〜を起こす、目覚めさせる

☐ 49-2 過去分詞

He fixed a broken machine.
             →   名詞

(彼は壊れた機械を修理した)

☐ fix：〜を修理する

☐ Rule 50 | 分詞がほかの語を伴う場合

☐ 50-1 現在分詞の場合

Look at the stars shining in the sky.
          名詞   ←

(空に輝いている星々を見て)

☐ shine：輝く

☐ 50-2 過去分詞の場合

I love clothes made in Italy.
      名詞   ←

(私はイタリアで作られた服が大好きだ)

☐ clothes：服、衣服

Chapter 1
主語と動詞

Chapter 2
文型

Chapter 3
文の種類

Chapter 4
時制

Chapter 5
助動詞

Chapter 6
形容詞

Chapter 7
代名詞

Chapter 8
副詞

Chapter 9
不定詞

Chapter 10
動名詞

Chapter 11
分詞

Chapter 12
受動態

Chapter 13
疑問詞

Chapter 14
比較

Chapter 15
接続詞

Chapter 16
仮定法過去

Chapter 17
関係代名詞

Chapter 18
前置詞

Check 1 Ruleをチェック!

Listen 》》 解説を読んだら、**MP3-097**で左ページの英文を聞いてみよう。

分詞には、現在分詞と過去分詞の2つがあります。現在分詞はbe doingで進行形 [Rule 17] を、過去分詞はhave doneで現在完了形 [Rule 19、20] を、be doneで受動態 [Chapter 12] を作ります。これらは分詞の動詞的な用法ですが、分詞には名詞を修飾する形容詞的な用法もあり、現在分詞 (doing形) は「～している」という進行中の動作や状態を表します。例文ではsleeping (眠っている) が名詞のdogを修飾しています。現在分詞1語が名詞を修飾する場合、現在分詞は名詞の前に置きます。

過去分詞は「～された [ている]」という受動の意味を表します。例文のbroken (壊れた、故障した) はbreak (～を壊す) の過去分詞形で、ここではmachine (機械) を修飾しています。現在分詞と同様に、過去分詞1語が名詞を修飾する場合、過去分詞は名詞の前に置きます。

Listen 》》 解説を読んだら、**MP3-099**で左ページの英文を聞いてみよう。

現在分詞がほかの語を伴う場合は、名詞を後ろから修飾します。例文の場合、shining (輝いている) 1語がstars (星々) を修飾するならshining starsのように名詞の前に置きますが、ここではshiningはin the sky (空に) を伴っているので、stars shining in the sky (空に輝いている星々) のように名詞を後ろから修飾しています。英語では2語以上の語の固まりが名詞を修飾する場合は基本的に名詞の後に置かれます [Rule 43：to不定詞の形容詞的用法]。

現在分詞の場合と同様に、過去分詞がほかの語を伴う場合は、名詞を後ろから修飾します。例文では、過去分詞のmadeがin Italy (イタリアで) を伴い、made in Italy (イタリアで作られた) という固まりで名詞のclothes (服) を後ろから修飾しています。

Check 2 Exerciseにチャレンジ!

☐ Rule 49 Exercise | 分詞の種類

☐ 49-1 日本語の内容に合うようにカッコ内の語句を並べ替えよう。

彼は泣いている赤ちゃんをなだめようとした。

He (calm / to / baby / a / tried / crying).

▶

☐ try to do：〜しようとする　☐ calm：〜を落ち着かせる、なだめる

☐ 49-2 日本語の内容に合うようにカッコ内の語句を並べ替えよう。

警察は私の盗まれた車を発見した。

The police (car / my / found / stolen).

▶

☐ found：find（〜を発見する）の過去形　☐ stolen：steal（〜を盗む）の過去分詞形

☐ Rule 50 Exercise | 分詞がほかの語を伴う場合

☐ 50-1 日本語の内容に合うようにカッコ内の語句を並べ替えよう。

チェロを弾いている女性は私のおばだ。

The (the / playing / woman / cello) is my aunt.

▶

☐ cello：チェロ　☐ aunt：おば

☐ 50-2 日本語の内容に合うようにカッコ内の語を正しい形に変えよう。

これは約200年前に書かれた本だ。

This is a book (write) about 200 years ago.

▶

☐ about：（数量などの前で）約、およそ

Check 3 Pointを押さえてフィニッシュ！

Listen 》 解説を読んだら、MP3-098で左ページの英文を聞いてみよう。

【解答】 He tried to calm a crying baby.

現在分詞1語が名詞を修飾する場合、現在分詞は名詞の前に置きます。ここではcrying（泣いている）が現在分詞で、a crying babyで「泣いている赤ちゃん」を表しています。

【解答】 The police found my stolen car.

過去分詞1語が名詞を修飾する場合、過去分詞は名詞の前に置きます。ここではstolen（盗まれた）が過去分詞で、my stolen carで「私の盗まれた車」を表しています。

Listen 》 解説を読んだら、MP3-100で左ページの英文を聞いてみよう。

【解答】 The woman playing the cello is my aunt.

現在分詞がほかの語を伴う場合は、名詞を後ろから修飾します。ここでは現在分詞のplayingがthe celloを伴って、playing the cello（チェロを弾いている）という固まりで名詞のwomanを後ろから修飾しています。

【解答】 written

本は「書かれた」ものなので、受動を表す過去分詞形にします。written about 200 years ago（約200年前に書かれた）という固まりが、後ろから名詞のbookを修飾していることを確認しましょう。

□ E061 あそこに立っている男性は私の上司だ。

The man (stand) over there is my boss.

▶

□ over there：あそこに、向こうに　□ boss：上司

□ E062 私たちは私たちの庭で育てられた野菜を食べた。

We ate vegetables (grow) in our garden.

▶

□ ate：eat（～を食べる）の過去形　□ grow：（農作物など）を育てる、栽培する

□ E063 私にはロンドンに住んでいる親せきがいます。

I have a relative (London / living / in).

▶

□ relative：親せき、親類

□ E064 あなたはこれまでに英語で書かれた本を読んだことがありますか？

Have you ever read a book (in / written / English)?

▶

□ E065 私の横に立っている少女が私のガールフレンドです。

The (beside / standing / me / girl) is my girlfriend.

▶

□ beside：～の横 [そば] に

□ E066 私たちは15世紀に建てられた城を訪れた。

We visited a (the 15th / built / century / in / castle).

▶

□ castle：城　□ built：build（～を建てる）の過去分詞形　□ century：世紀

Chapter 11の学習の仕上げとして、章末問題にチャレンジ！ できなかった問題があったら、Chapter 11をもう1度復習しておこう。それでは、さっそくスタート！

E061
▼
E066

【解答】 standing

現在分詞（doing形）は「〜している」という進行中の動作や状態を表します。ここではstanding（立っている）がover there（あそこに）を伴い、standing over there（あそこに立っている）という固まりで直前のman（男性）を修飾しています。

【解答】 grown

過去分詞は「〜された［ている］」という受動の意味を表します。ここではgrown（育てられた）がin our garden（私たちの庭で）を伴い、grown in our garden（私たちの庭で育てられた）という固まりで直前のvegetables（野菜）を修飾しています。

【解答】 I have a relative living in London.

現在分詞（〜している）がほかの語句を伴う場合、名詞を後ろから修飾します。ここでは現在分詞のliving（住んでいる）がin London（ロンドンに）を伴い、living in London（ロンドンに住んでいる）という固まりで直前のrelative（親せき）を修飾しています。

【解答】 Have you ever read a book written in English?

過去分詞（〜された［ている］）がほかの語を伴う場合、名詞を後ろから修飾します。ここでは過去分詞のwritten（書かれた）がin English（英語で）を伴い、written in English（英語で書かれた）という固まりで直前のbook（本）を修飾しています。

【解答】 The girl standing beside me is my girlfriend.

「名詞＋現在分詞（〜している）に導かれた固まり」を作ります。ここではまず名詞のgirlを先頭に置き、その後に現在分詞のstanding（立っている）に導かれたstanding beside me（私の横に立っている）を続ければ文が完成します。

【解答】 We visited a castle built in the 15th century.

「名詞＋過去分詞（〜された［ている］）に導かれた固まり」を作ります。ここではまず名詞のcastle（城）を先頭に置き、その後に過去分詞のbuilt（建てられた）に導かれたbuilt in the 15th century（15世紀に建てられた）を続ければ文が完成します。

Chapter
12

受動態

Chapter 12では、受動態の用法をマスターしていきます。能動態から受動態への書き換えが少し難しいですが、「be done（過去分詞）」という受動態の形を押さえれば大丈夫!

Day 26
☐ **Rule 51**：受動態の形
☐ **Rule 52**：時制と受動態の形
▶**158**

Day 27
☐ **Rule 53**：注意すべき受動態の語順
☐ **Rule 54**：by以外の前置詞と結びつく受動態
▶**162**

End-of-Chapter Exercise
▶**166**

英語でコレ言える？

カナダでは英語とフランス語が話されている。

English and French（　）（　）in Canada.

▼
答えは Rule 51でチェック!

まずは能動態から受動態への語順の変化をチェック。by S は省略されることが多いので、be done を押さえておけば大丈夫だよ。

□ Rule 51 | 受動態の形

□ 51-1 「S＋V（do）＋O」を「O＋be done＋by S」にする

❶ Many people love this song.
　　 S　　　　　 V　　 O
（多くの人がこの歌を愛している）

❷ This song is loved by many people.
　　 O　　　 be done　　 by S
（この歌は多くの人に愛されている）

□ 51-2 by A が省略される場合

English and French are spoken in Canada.
　　　　　　　　　　　 be　　 done
（カナダでは英語とフランス語が話されている）

□ French：フランス語

□ Rule 52 | 時制と受動態の形

□ 52-1 受動態の過去形

Potatoes were brought to Europe in the 16th century.
　　　　　 be　　 done
（ジャガイモは16世紀にヨーロッパへもたらされた）

□ brought：bring（～をもたらす）の過去分詞形　□ century：世紀

□ 52-2 受動態の未来形

The competition will be held next month.
　　　　　　　　　　 原形 done
（その競技会は来月、開催される予定だ）

□ competition：競技会　□ held：hold（～を開催する）の過去分詞形

Chapter 1
主語と動詞

Chapter 2
文型

Chapter 3
文の種類

Chapter 4
時制

Chapter 5
助動詞

Chapter 6
形容詞

Chapter 7
代名詞

Chapter 8
副詞

Chapter 9
不定詞

Chapter 10
動名詞

Chapter 11
分詞

Chapter 12
受動態

Chapter 13
疑問詞

Chapter 14
比較

Chapter 15
接続詞

Chapter 16
仮定法過去

Chapter 17
関係代名詞

Chapter 18
前置詞

Check 1 Ruleをチェック!

Listen 》 解説を読んだら、**MP3-101**で左ページの英文を聞いてみよう。

「〜する」という動詞の形を能動態、「〜される」という動詞の形を受動態と呼びます。受動態は be done（過去分詞）で作られ、能動態の「S + V + O（S は O を V する）」が、受動態では「O + be done + by S（O は S によって〜される）」という語順に変化します。❶の動詞 love の目的語 this song が❷では主語に、❶の主語 Many people が❷では by many people になっていることを確認しましょう。

+α 「〜される」側に関心が持たれる場合は受動態が好まれます。

動作主が明らかな場合や、不明な場合は by A（A によって）はよく省略されます。例文では動作主が「カナダ人」とはっきりしているので、by Canadians（カナダ人によって）などを入れる必要はありません。

Listen 》 解説を読んだら、**MP3-103**で左ページの英文を聞いてみよう。

受動態の過去形は was [were] done で表します。例文では主語は Potatoes と複数なので、were brought となっています。主語が単数の場合、受動態の過去形は was done を使います。

受動態の未来形は will be done で表します。例文では will be held で「開催される予定だ」を表しています。

+α 助動詞の can を使った受動態：can be done で「〜されることができる」を表します。

Check 2 Exerciseにチャレンジ！

☐ Rule 51 Exercise | 受動態の形

☐ 51-1 日本語の内容に合うようにカッコ内の語句を並べ替えよう。

彼女はクラスのみんなに好かれている。

She (everyone / liked / by / is) in the class.

▶

☐ 51-2 日本語の内容に合うようにカッコ内の語句を並べ替えよう。

インターネットは世界中で使われている。

The (used / Internet / is) all over the world.

▶

☐ Internet：(the ～) インターネット ☐ all over the world：世界中で [に]

☐ Rule 52 Exercise | 時制と受動態の形

☐ 52-1 日本語の内容に合うようにカッコ内の語句を並べ替えよう。

この絵は私の祖父によって描かれた。

This picture (my / painted / grandfather / by / was).

▶

☐ paint：(絵の具で) ～を描く ☐ grandfather：祖父

☐ 52-2 日本語の内容に合うようにカッコ内の語句を並べ替えよう。

新しいスタジアムがこの敷地に建てられる予定だ。

The (built / stadium / new / be / will) on this site.

▶

☐ site：敷地、用地 ☐ built：build（～を建てる）の過去分詞形

Check 3 Pointを押さえてフィニッシュ！

Listen 》 解説を読んだら、**MP3-102**で左ページの英文を聞いてみよう。

【解答】 She is liked by everyone in the class.

受動態はbe done（過去分詞）で作られます。動詞はlikeなので、be doneの部分はis liked（好かれている）になります。これに「みんなに（よって）」を表すby everyoneを続ければ文が完成します。

【解答】 The Internet is used all over the world.

受動態のby A（Aによって）はよく省略されます。問題文の場合、動作主は「世界の人々」であることが明らかなので、明示する必要はありません。

Listen 》 解説を読んだら、**MP3-104**で左ページの英文を聞いてみよう。

【解答】 This picture was painted by my grandfather.

問題文の時制は過去、主語は単数、動詞はpaintなので、be doneの部分はwas painted（描かれた）になります。これに「私の祖父によって」を表すby my grandfatherを続ければ文が完成します。

【解答】 The new stadium will be built on this site.

問題文の時制は未来、動詞はbuildなので、will be doneの部分はwill be built（建てられる予定だ）になります。その前に主語であるnew stadiumを置けば文が完成します。

□ Rule 53 │ 注意すべき受動態の語順

□ 53-1 第4文型（S＋V＋O_1＋O_2）の受動態

❶ She gave him the book.
　　S　　　　O_1　　O_2
（彼女は彼にその本を与えた）

❷ He was given the book by her. （彼は彼女によってその本を与えられた）
　O_1　　　　　　　O_2　　by S

❸ The book was given to him by her. （その本は彼女によって彼に与えられた）
　　O_2　　　　　　　　to O_1　by S

□ 53-2 「動詞＋目的語＋to do」の文の受動態

❶ My mother told me to wash the dishes.
　　　S　　　　V　　O　　to do
（母は私に食器を洗うように言った）

❷ I was told to wash the dishes by my mother.
　O　be done　to do　　　　　　　　by S
（私は母に食器を洗うように言われた）

　□ wash the dishes：食器を洗う

□ Rule 54 │ by以外の前置詞と結びつく受動態

□ 54-1 心理状態を表す受動態

I'm not surprised at his success.
（私は彼の成功に驚いていない）

　□ success：成功

□ 54-2 その他の状態を表す受動態

The mountaintop was covered with clouds.
（山頂は雲に覆われていた）

　□ mountaintop：山頂　□ cloud：雲

Check 1 Rule をチェック!

Listen 》）解説を読んだら、MP3-105で左ページの英文を聞いてみよう。

give型の第4文型 [Rule 09-2] の受動態は、「S＋gives＋O₁＋O₂（SはO₁にO₂を与える）」→「O₁＋is given＋O₂（＋by S）（O₁はO₂を与えられる）」(❷)、「O₂＋is given＋to O₁（＋by S）（O₂はO₁に与えられる）」(❸) になります。例文の時制は過去なので、givesはgave、is givenはwas givenになっています。

＋α buy型の第4文型の受動態：「S＋buys＋O₁＋O₂」→「O₂＋is bought＋for O₁（＋by S）」になります。この型では、O₁（人）を主語にした文を作ることはできません。

「S＋V＋O＋to do」（Oに〜するように…する；Oに〜することを…する）[Rule 45-1] の受動態は「O＋be done to do（＋by S）」（Oは〜するように…される）の語順になります。例文では、能動態の❶の目的語（O）meが受動態の❷の主語になり、さらにbe doneに当たるwas told（言われた）、to doに当たるto wash（〜を洗う）が続いています。

Listen 》）解説を読んだら、MP3-107で左ページの英文を聞いてみよう。

心理状態を表す受動態の表現は、by以外の前置詞と結びつくことがあります。例文のbe surprised at Aがその例で「Aに驚いている」を表します。by以外の前置詞と結びつくほかの受動態の表現には、be interested in A（Aに興味を持っている）、be impressed with A（Aに感動している）などがあります。

心理状態以外の状態の受動表現も、by以外の前置詞と結びつくことがあります。例文ではbe covered with Aで「Aで覆われている」を表しています。このほかに、be filled with A（Aでいっぱいになっている）も押さえておきましょう。

□ **Rule 53** Exercise | 注意すべき受動態の語順

□ 53-1 日本語の内容に合うようにカッコ内の語句を並べ替えよう。

私はその仕事を上司に与えられた。

(task / given / I / the / was) by my boss.

▶

　　□ task：仕事、任務

□ 53-2 日本語の内容に合うようにカッコ内の語句を並べ替えよう。

生徒たちは地球温暖化についてのレポートを書くように言われた。

The (write / were / essay / to / an / students / told) on global warming.

▶

　　□ essay：（〜についての）（学生の）レポート、作文（on 〜）　□ global warming：地球温暖化

□ **Rule 54** Exercise | by以外の前置詞と結びつく受動態

□ 54-1 日本語の内容に合うようにカッコ内の語句を並べ替えよう。

私たちは彼女の演奏に感動した。

(with / were / impressed / we) her performance.

▶

　　□ performance：演奏、演技、公演

□ 54-2 日本語の内容に合うようにカッコ内の語句を並べ替えよう。

彼女の部屋はおもちゃと人形でいっぱいになっている。

(with / room / toys / filled / her / is) and dolls.

▶

　　□ toy：おもちゃ　□ doll：人形

Check 3 Pointを押さえてフィニッシュ！

Listen ⟫ 解説を読んだら、**MP3-106**で左ページの英文を聞いてみよう。

【解答】I was given the task by my boss.

「S＋gives＋O_1＋O_2（SはO_1にO_2を与える）」の文のO_1を主語にした受動態は「O_1＋is given＋O_2＋by S（O_1はO_2をSによって与えられる）」になります。この文の能動態はMy boss gave me the task.で、the task（＝O_2）を主語にした受動態の文は、The task was given to me by my boss.となります。

【解答】The students were told to write an essay on global warming.

「S＋V＋O＋to do」の受動態は「O＋be done to do（＋by S）」で表します。この文ではwere told to writeで「～を書くように言われた」を表しています。「書くように言った」動作主は省略されています。

Listen ⟫ 解説を読んだら、**MP3-108**で左ページの英文を聞いてみよう。

【解答】We were impressed with her performance.

be impressed with Aで「～に感動している」を表します。ここでは、主語がWeで複数、時制は過去なので、were impressed withとなっています。

【解答】Her room is filled with toys and dolls.

be filled with Aで「Aでいっぱいになっている」を表します。ここでは、主語がHer roomで単数、時制は現在なので、is filled withとなっています。

☐ E067 その本は多くの子どもたちに読まれている。

The book (children / by / read / is / many).

▶

☐ **read**：read（～を読む）の過去分詞形

☐ E068 その祭りは毎年7月に開催される。

The festival (July / by / held / in / is) every year. （1語不要）

▶

☐ **held**：hold（～を開催する）の過去分詞形

☐ E069 その写真は有名な写真家によって撮られた。

The photo (be) (take) by a famous photographer.

▶

☐ **photo**：写真　☐ **famous**：有名な　☐ **photographer**：写真家

☐ E070 富士山がここから見える。

Mount (be / can / seen / Fuji) from here.

▶

☐ **from here**：ここから

☐ E071 そのブレスレットは彼女の母によって彼女に与えられた。

The bracelet (her / given / to / was) by her mother.

▶

☐ **bracelet**：ブレスレット、腕輪

☐ E072 彼の机は書類で覆われている。

His desk (with / covered / is / papers).

▶

☐ **paper**：（～s）書類

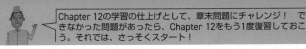

Chapter 12の学習の仕上げとして、章末問題にチャレンジ！ できなかった問題があったら、Chapter 12をもう1度復習しておこう。それでは、さっそくスタート！

【解答】 The book is read by many children.

受動態は be done（過去分詞）で作られます。ここでは主語の book は既にあるのでその後に be 動詞の is、さらに過去分詞の read（読まれて）、最後に「～によって」を表す by many children（多くの子どもたちによって）を続ければ文が完成します。

【解答】 The festival is held in July every year.

動作主が明らかな場合や、不明な場合は by A（A によって）はよく省略されます。まず受動態の部分の is held（開催される）を作ります。日本語には「～によって」を表す動作主がないので、受動態の後に in July（7月に）を置けば文が完成します。従って、不要な語は by です。

【解答】 was, taken

受動態の過去形は was [were] done で表します。ここでは主語は photo（写真）と単数形なので、be 動詞の過去形は was になります。その後に take（［写真］を撮る）の過去分詞形の taken を置いて文を完成させます。

【解答】 Mount Fuji can be seen from here.

助動詞を含む文の受動態は「助動詞＋ be done」で表します。can be done は「～されることができる」を表し、ここでは「（富士山が）ここから見られることができる」→「ここから見える」となります。

【解答】 The bracelet was given to her by her mother.

「S ＋ gives ＋ O_1 ＋ O_2（S は O_1 に O_2 を与える）」の O_2 を主語にした受動態は、「O_2 ＋ is given ＋ to O_1 ＋ by S（O_2 は S によって O_1 に与えられる）」になります。日本語の文は過去形なので、is を was に、to O_1 を to her にして文を完成させます。

【解答】 His desk is covered with papers.

be covered with A で「A で覆われている」を表します。ここでは A に「書類」を表す papers（この意味では常に複数形）が入っています。

Chapter
13

疑問詞

Chapter 13では、疑問詞の用法をマスターしていきます。まずは、疑問詞を使った疑問文の語順をチェック。その後に、間接疑問文の語順を押さえましょう。

英語でコレ言える？

▼

紅茶はどうですか？

( ) ( ) some tea?

▼

答えは Rule 58でチェック！

まずは疑問詞を使った疑問文の語順をチェック。いろいろな疑問詞を使って、疑問文のバリエーションを増やしていこう。

☐ Rule 55 ｜ 疑問詞を使った疑問文の語順

☐ 55-1 一般動詞とbe動詞の場合

❶ What do you want for your birthday?
　　　　一般疑問文

（あなたは誕生日に何が欲しいですか?）

❷ How was your interview?
　　　一般疑問文

（面接はどうでしたか?）

☐ interview：面接（試験）

☐ 55-2 疑問詞が主語になる場合

❶ What happened?
　　S　　　V

（何が起きたのですか?）

❷ Who will attend the meeting?
　　S　　　V

（誰がその会議に出席しますか?）

☐ happen：起こる　☐ attend：（会議など）に出席する

☐ Rule 56 ｜ 疑問詞の種類

☐ 56-1 疑問代名詞と疑問副詞

❶ Whose is this?
（これは誰の物ですか?）

❷ When will he be back?
（彼はいつ戻りますか?）

❸ Where did you find this bag?
（あなたはどこでこのかばんを見つけましたか?）

☐ be back：戻る

☐ 56-2 疑問形容詞

❶ What sports do you like?
（何のスポーツがあなたは好きですか?）

❷ Which bus goes to the aquarium?
（どのバスがその水族館に行きますか?）

❸ Whose umbrella is this?
（これは誰の傘ですか?）

☐ aquarium：水族館　☐ umbrella：傘

Rule 55
Rule 56

Chapter 1
主語と動詞

Chapter 2
文型

Chapter 3
文の種類

Chapter 4
時制

Chapter 5
助動詞

Chapter 6
形容詞

Chapter 7
代名詞

Chapter 8
副詞

Chapter 9
不定詞

Chapter 10
動名詞

Chapter 11
分詞

Chapter 12
受動態

Chapter 13
疑問詞

Chapter 14
比較

Chapter 15
接続詞

Chapter 16
仮定法過去

Chapter 17
関係代名詞

Chapter 18
前置詞

Check 1 Rule をチェック!

Listen 》 解説を読んだら、**MP3-109**で左ページの英文を聞いてみよう。

疑問詞は、「誰 (who)？」「何 (what)？」「どれ (which)？」「誰の物 (whose)？」「いつ (when)？」「どこで (where)？」「なぜ (why)？」「どのように (how)？」のように質問する際に用います。疑問詞を使った疑問文は、疑問詞を文頭に置き、一般疑問文 [➡ Rule 12-1] を続けて作ります。❶では疑問詞whatの後に一般動詞の疑問文が、❷では疑問詞howの後にbe動詞の疑問文がそれぞれ続いています。

疑問詞が主語になる場合は「疑問詞＋V」の語順になります。❶はAn accident happened.（事故が起きた）の主語のAn accident がWhatに、❷ では Mr. Yamada will attend the meeting.（ヤマダさんがその会議に出席します）の主語の Mr. Yamada がWhoにそれぞれ置き換わって疑問文になっていると考えると分かりやすくなります。

Listen 》 解説を読んだら、**MP3-111**で左ページの英文を聞いてみよう。

疑問代名詞にはwho（誰）、what（何）、which（どれ）、whose（誰の物）があります。❶のwhose（誰の物）は所有代名詞 [➡ Rule 36-1] の疑問詞版で、This is yours.（これはあなたの物だ）のyoursがwhoseに置き換わって文頭に来ていると考えると分かりやすくなります。疑問副詞にはwhen（いつ）(❷)、where（どこで）(❸)、why（なぜ）、how（どのように）があり、時、場所、理由、方法・様子を問う際に用いられます。howには、形容詞や副詞を修飾して「どれくらい」という意味もあります。

疑問形容詞は名詞を修飾して、what（何の、どの）(❶)、which（どちらの、どの）(❷)、whose（誰の）(❸) を表します。whatは不特定の範囲の中から「何の、どの」、whichは限定された範囲の中から「どちらの、どの」を尋ねる際に用います。例えば、❶は「不特定のたくさんあるスポーツのうちの何のスポーツ」かを、❷は「限定されたいくつかのバスのうちのどのバス」かを尋ねています。whatとwhichの使い分けは疑問代名詞 [➡ Rule 56-1] の場合も同様です。

Check 2 Exerciseにチャレンジ!

☐ Rule 55 Exercise | 疑問詞を使った疑問文の語順

☐ 55-1 日本語の内容に合うようにカッコ内の語句を並べ替えよう。

昨夜は夕食に何を食べましたか?

(dinner / you / what / for / eat / did) last night?

▶

☐ 55-2 日本語の内容に合うようにカッコ内の語句を並べ替えよう。

誰がこの料理を作りましたか?

(this / cooked / dish / who)?

▶

☐ dish：料理

☐ Rule 56 Exercise | 疑問詞の種類

☐ 56-1 日本語の内容に合うようにカッコ内の語句を並べ替えよう。

あなたはどれくらい長く日本に住んでいますか?

(you / long / lived / how / have) in Japan?

▶

☐ 56-2 日本語の内容に合うようにカッコ内の語句を並べ替えよう（1語不要）。

これは誰の靴ですか?

(are / these / shoes / whose / is)?

▶

Chapter 1
主語と動詞

Chapter 2
文型

Chapter 3
文の種類

Chapter 4
時制

Chapter 5
助動詞

Chapter 6
形容詞

Chapter 7
代名詞

Chapter 8
副詞

Chapter 9
不定詞

Chapter 10
動名詞

Chapter 11
分詞

Chapter 12
受動態

Chapter 13
疑問詞

Chapter 14
比較

Chapter 15
接続詞

Chapter 16
仮定法過去

Chapter 17
関係代名詞

Chapter 18
前置詞

Check 3 Pointを押さえてフィニッシュ！

Listen 》 解説を読んだら、**MP3-110**で左ページの英文を聞いてみよう。

【解答】 What did you eat for dinner last night?

疑問詞を使った疑問文は、疑問詞を文頭に置き、一般疑問文を続けて作ります。正解の文では、疑問詞whatの後にdid you eat 〜?のように一般動詞の疑問文が続いています。

【解答】 Who cooked this dish?

疑問詞が主語になる場合は「疑問詞＋V」の語順になります。ここでもShe cooked this dish.（彼女がこの料理を作りました）のSheがWhoに置き換わって疑問文になっていると考えましょう。このように聞かれたら、I [He, My mother] did.（私［彼、私の母］です）のように答えます。

Listen 》 解説を読んだら、**MP3-112**で左ページの英文を聞いてみよう。

【解答】 How long have you lived in Japan?

howは形容詞や副詞を修飾して「どれくらい」を表します。解答文ではhow longで「どれくらい長く」を意味しています。このlongは「長く」という意味の副詞です。how many（どれくらい多くの）、how often（どれくらいよく）もよく使われます。

【解答】 Whose shoes are these?

疑問形容詞のwhoseは、名詞を修飾して「誰の」を表します。従って、「誰の靴」はwhose shoesとなります。ここでは、shoesと複数形になっていることに注意しましょう。これを受けるbe動詞はareなので、isが不要です。「片方の靴」を指しながら、「これは誰の靴ですか？」なら、Whose shoe is this? となります。

今日のポイントは間接疑問文の語順。疑問詞のhowとwhyを使った慣用表現も会話でよく使われるので身につけておこう。

□ Rule 57 | 間接疑問文

□ 57-1 疑問代名詞を使った間接疑問文

❶ I couldn't understand <u>what he said</u>.
　　　　　　　　　　　　　　疑問詞　S＋V

（私は彼が何と言ったか理解できなかった）

❷ Do you know <u>who wrote</u> this novel?
　　　　　　　　　疑問詞　V

（誰がこの小説を書いたか知っていますか?）

□ novel：小説

□ 57-2 疑問副詞・疑問形容詞を使った間接疑問文

❶ I can't remember <u>where I put my keys</u>.
　　　　　　　　　　　　疑問詞　S＋V

（私はどこに鍵を置いたか思い出せない）

❷ Please tell me <u>which bus I should take</u>.
　　　　　　　　　　疑問詞＋名詞　　S＋V

（どのバスに乗るべきか私に教えてください）

□ remember：〜を思い出す

□ Rule 58 | 疑問詞を用いた慣用表現

□ 58-1 How about A?

❶ How about some tea?
（紅茶はどうですか?）

❷ How about eating out tonight?
　　　　　　　　動名詞

（今夜は外食するのはどうですか?）

□ eat out：外食する

□ 58-2 Why don't you [we] 〜?

❶ Why don't you ask her about it?
（それについて彼女に聞いたらどうですか?）

❷ Why don't we go to the new restaurant?
（その新しいレストランに行ったらどうですか?）

□ ask A about B：AにBについて尋ねる［聞く］

Check 1 Ruleをチェック!

Listen 》 解説を読んだら、MP3-113で左ページの英文を聞いてみよう。

疑問詞に導かれた文が動詞の目的語になっている文を間接疑問文と呼びます。疑問詞に導かれた文の語順は、❶のwhat he said（彼が何と言ったか）のように「疑問詞＋S＋V」になることに注意しましょう。疑問代名詞が主語になっている場合は、❷のwho wrote this novel（誰がこの小説を書いたか）のように「疑問詞＋V」のままになります（疑問詞を主語にした疑問文 [⊂ Rule 55-2] と語順は変わりません）。いずれも、understand（～を理解する）、know（～を知っている）の目的語になっていることを確認しましょう。

疑問副詞・疑問形容詞を使った間接疑問文も「疑問詞（＋名詞）＋S＋V」の語順になります。❶は疑問副詞のwhereを用いwhere I put（～をどこに置いたか）がremember（～を思い出す）の目的語に、❷は疑問形容詞のwhichを用いwhich bus I should take（どのバスに乗るべきか）がtell（～を教える）の目的語になっています。

Listen 》 解説を読んだら、MP3-115で左ページの英文を聞いてみよう。

How about A?は「Aはどうですか?」と提案・勧誘する際の表現です。❶のsome teaのようにaboutの後には名詞が置かれますが、❷のeating out tonight（今夜外食すること）のように動名詞が続くことも多くあります。この動名詞は前置詞aboutの目的語になっています [⊂ Rule 48-2]。

Why don't you [we] ～?は「～したらどうですか?」と提案・勧誘する際の表現です。提案者が自分を含めて言う場合はWhy don't we ～?を使います。Why don't you [we] ～?はHow about ～（動名詞）?とほぼ同じように使いますが、Why don't you [we] ～?のほうがカジュアルな表現です。

Check 2 Exerciseにチャレンジ!

☐ Rule 57 Exercise | 間接疑問文

☐ 57-1 日本語の内容に合うようにカッコ内の語句を並べ替えよう（1語不要）。

彼は昨晩何を食べたか思い出せない。

He can't remember (ate / night / did / he / what / last). ▸

☐ remember：〜を思い出す

☐ 57-2 日本語の内容に合うようにカッコ内の語句を並べ替えよう。

その寺がいつ建てられたか知っていますか？

Do you know (was / temple / built / when / the)? ▸

☐ temple：寺院、寺

☐ Rule 58 Exercise | 疑問詞を用いた慣用表現

☐ 58-1 日本語の内容に合うように空所に入る語句を❶〜❹から1つ選ぼう。

彼女に助言を求めるのはどうですか？

How about (　　　) her for advice? ▸

❶ ask ❷ asks ❸ to ask ❹ asking

☐ ask A for B：AにBを求める

☐ 58-2 日本語の内容に合うようにカッコ内の語句を並べ替えよう。

私たちと一緒に来たらどうですか？

(you / don't / come / why) with us? ▸

Check 3 Pointを押さえてフィニッシュ！

Listen 》 解説を読んだら、**MP3-114**で左ページの英文を聞いてみよう。

【解答】 He can't remember what he ate last night.

間接疑問文の語順は、疑問詞が主語になる場合以外は、「疑問詞＋S＋V」に
なります。従って、「彼が昨晩何を食べたか」はwhat he ate last nightで表
し、didが不要になります。疑問詞が主語になる場合は、疑問詞を主語にした
疑問文と同じく「疑問詞＋V」の語順になります。

【解答】 Do you know when the temple was built?

疑問詞の後を疑問文の語順にしないように注意しましょう。疑問文で「その寺
はいつ建てられましたか？」なら When was the temple built?となります
が、間接疑問文は「疑問詞＋S＋V」の語順になるので、ここではwhen the
temple was builtが正解になります。

Listen 》 解説を読んだら、**MP3-116**で左ページの英文を聞いてみよう。

【解答】 ④

前置詞の後に動詞が来る場合、動名詞（doing形）にしなければなりません。
従って、正解は④になります。

【解答】 Why don't you come with us?

Why don't you 〜?（〜したらどうですか？）は相手に対して提案・勧誘する
際に使います。解答文は How about coming with us?と言い換えることも
できますが、Why don't you 〜?のほうがカジュアルなニュアンスになりま
す。

「疑問詞＋to do」のポイントは文中で名詞のような働きをすること。第3・第4文型の目的語になっていることを確認しよう。

□ Rule 59 | 「動詞＋疑問詞＋to do」の用法

□ 59-1 動詞＋ what [which] to do

❶ I don't <u>know</u> <u>what to do</u> next.
        V   O

(私は次に何をすべきか分からない)

❷ I can't <u>decide</u> <u>which to choose</u>.
        V   O

(私はどれを選ぶべきか決められない)

□ decide：〜を決める

□ 59-2 動詞＋ when [where, how] to do

❶ She didn't <u>know</u> <u>where to start</u>.
          V   O

(彼女はどこから始めるべきか分からなかった)

❷ Do you <u>know</u> <u>how to eat</u> sukiyaki?
       V   O

(すき焼きの食べ方を知っていますか?)

□ Rule 60 | 「動詞＋目的語＋疑問詞＋to do」の用法

□ 60-1 動詞＋目的語＋ what [which] to do

I <u>asked</u> <u>the librarian</u> <u>what to read</u>.
  V   O₁   O₂

(私はその図書館員に何を読むべきか聞いた)

□ librarian：図書館員、司書

□ 60-2 動詞＋目的語＋ when [where, how] to do

She <u>told</u> <u>me</u> <u>where to get off</u> the train.
   V O₁   O₂

(彼女はどこで電車から降りるべきか私に教えた)

□ get off A：A (乗り物) から降りる

Check 1 Ruleをチェック!

Listen 》 解説を読んだら、**MP3-117**で左ページの英文を聞いてみよう。

what to do は「何を～すべきか」、which to do は「どれを～すべきか」を表し、文中で名詞のような働きをします。例文はどちらも第3文型 [Rule 09-1] で、❶の what to do (何をすべきか)、❷の which to choose (どれを選ぶべきか) は、それぞれ know (～が分かっている) と decide (～を決める) の目的語になっていることを確認しましょう。

when to do は「いつ～すべきか」、where to do は「どこで～すべきか」、how to do は「どう～すべきか、～のやり方」を表し、文中で名詞のような働きをします。❶の where to start (どこから始めるべきか)、❷の how to eat (食べ方) は、いずれも know の目的語になっています。

Listen 》 解説を読んだら、**MP3-119**で左ページの英文を聞いてみよう。

what [which] to do (何 [どれ] を～すべきか) は第4文型 [Rule 09-2] で直接目的語 (O_2) になることもあります。例文は ask O_1 O_2 (O_1 [人] に O_2 を聞く) の第4文型で、O_1 に the librarian (その図書館員)、O_2 に what to read (何を読むべきか) が来ています。第4文型の O_2 に「疑問詞＋to do」がよく使われる表現として、tell O_1 O_2 (O_1 に O_2 を伝える [教える])、show O_1 O_2 (O_1 に O_2 を見せる) も押さえておきましょう。

when [where, how] to do (いつ [どこで、どう] ～すべきか) も第4文型の直接目的語 (O_2) でよく用いられます。例文では、tell O_1 O_2 (O_1 に O_2 を伝える [教える]) の O_2 に where to get off (どこで降りるべきか) が来ています。

Check 2 Exerciseにチャレンジ!

☐ Rule 59 Exercise 「動詞＋疑問詞＋to do」の用法

☐ 59-1 日本語の内容に合うようにカッコ内の語句を並べ替えよう。

彼はガールフレンドに何を買ってあげるべきか分からない。

He (to / buy / know / what / doesn't) for his girlfriend.

▶

☐ buy A for B：BにAを買ってやる

☐ 59-2 日本語の内容に合うようにカッコ内の語句を並べ替えよう。

私たちはいつ結婚式を挙げるか決めた。

We have (to / decided / have / when) the wedding.

▶

☐ wedding：結婚式

☐ Rule 60 Exercise 「動詞＋目的語＋疑問詞＋to do」の用法

☐ 60-1 日本語の内容に合うようにカッコ内の語句を並べ替えよう。

そのパーティーに何を着ていくべきか私に教えてください。

Please (me / wear / what / tell / to) to the party.

▶

☐ wear A to B：A（服）をB（行事など）に着ていく

☐ 60-2 日本語の内容に合うようにカッコ内の語句を並べ替えよう。

このソフトウエアの使い方を私に見せてくれませんか？

Will you (how / show / use / me / to) this software?

▶

☐ Will you ～?：～してくれませんか？ ☐ software：ソフトウエア

Chapter 1
主語と動詞

Chapter 2
文型

Chapter 3
文の種類

Chapter 4
時制

Chapter 5
助動詞

Chapter 6
形容詞

Chapter 7
代名詞

Chapter 8
副詞

Chapter 9
不定詞

Chapter 10
動名詞

Chapter 11
分詞

Chapter 12
受動態

Chapter 13
疑問詞

Chapter 14
比較

Chapter 15
接続詞

Chapter 16
仮定法過去

Chapter 17
関係代名詞

Chapter 18
前置詞

Check 3 Pointを押さえてフィニッシュ！

Listen))) 解説を読んだら、MP3-118で左ページの英文を聞いてみよう。

【解答】 He doesn't know what to buy for his girlfriend.

what to do（何を〜すべきか）は文中で名詞のような働きをします。ここでは
what to buy（何を買ってあげるべきか）は動詞knowの目的語になっていま
す。

【解答】 We have decided when to have the wedding.

when to doで「いつ〜すべきか」を表します。この文では、when to have
the wedding（いつ結婚式を挙げる［べき］か）はdecide（〜を決める）の
目的語になっています。

Listen))) 解説を読んだら、MP3-120で左ページの英文を聞いてみよう。

【解答】 Please tell me what to wear to the party.

tell A what to doで「Aに何を〜すべきか伝える［教える］」を表します。こ
こではtell me what to wearで「何を着ていくべきか私に教える」を表して
います。

【解答】 Will you show me how to use this software?

show A how to doで「Aに〜のやり方を見せる」を表します。ここではshow
me how to useで「使い方を私に見せる」を表しています。なお、このshow
は「見せながら教える」ことを意味します。

☐ E073 誰がこの詩を書きましたか？

(poem / wrote / this / who / did)? （1語不要）

▶

☐ poem：詩

☐ E074 あなたにはどれくらい多くの友だちがいますか？

(you / friends / do / many / have / how)?

▶

☐ E075 私は彼女がいつ到着するか分からない。

I don't know (arrive / will / when / she).

▶

☐ E076 彼女をデートに誘ったらどうですか？

(you / how / don't / why) ask her out? （1語不要）

▶

☐ ask A out：Aをデートに誘う

☐ E077 私は車の運転の仕方を学びたい。

I want to (to / how / a car / learn / drive).

▶

☐ E078 私は次に何をすべきか彼女に尋ねた。

I (to / her / do / asked / what) next.

▶

Chapter 13の学習の仕上げとして、章末問題にチャレンジ！ できなかった問題があったら、Chapter 13をもう1度復習しておこう。それでは、さっそくスタート！

E073
▼
E078

【解答】Who wrote this poem?

疑問詞を使った疑問文は、疑問詞が主語になる場合は「疑問詞＋V」の語順になります。ここでは疑問詞のWho（誰）が主語になっているので、その後に動詞（V）のwrote、さらにwroteの目的語のthis poem（この詩）を続ければ文が完成します。従って、didが不要になります。

【解答】How many friends do you have?

疑問副詞のhow（どのように）には、形容詞や副詞を修飾して「どれくらい」という意味もあります。まずはHow manyで「どれくらい多くの」を表し、その後にfriendsを置いて、How many friends（どれくらい多くの友だち）の固まりを作ります。さらに一般疑問文のdo you haveを続ければ文が完成します。

【解答】I don't know when she will arrive.

間接疑問文で疑問詞に導かれた文の語順は、「疑問詞＋S＋V」になります（疑問詞が主語の場合は「疑問詞＋V」のまま）。ここでは助動詞willが使われているので、Vはwill arriveです。when she will arrive（いつ彼女が到着するか）がknow（〜を知っている）の目的語になっていることを確認しましょう。

【解答】Why don't you ask her out?

Why don't you 〜?は「〜したらどうですか?」と相手に対して提案・勧誘する際の表現です。従って、howが不要な語になります。

【解答】I want to learn how to drive a car.

how to doで「〜のやり方、どう〜すべきか」を表します。「疑問詞＋to do」は第3文型の目的語としてよく用いられます。ここではhow to drive a car（車の運転の仕方）がlearn（〜を学ぶ）の目的語になっています。

【解答】I asked her what to do next.

「疑問詞＋to do」は第4文型の直接目的語としても用いられます。ここでは、ask O_1 O_2（O_1［人］にO_2を聞く）のO_1（間接目的語）にher、O_2（直接目的語）にwhat to do（何をすべきか）が来ています。

Chapter 14

比較

Chapter 14では、比較の用法をマスターしていきます。まずは原級を押さえ、それから比較級と最上級を見ていきましょう。比較級と最上級は、それぞれの「作り方」に要注意。

英語でコレ言える？

▼

東京スカイツリーは日本で一番高いタワーだ。

Tokyo Skytree is (　　) (　　) (　　) in Japan.

▼

答えは Rule 63 でチェック！

比較1

今日は原級と比較級による比較をチェック。比較級では、more をつけて比較級にする形容詞・副詞と、不規則変化に要注意。

□ Rule 61 | 原級を用いた比較

□ 61-1 as A（原級）as B（Bと同じくらいA）

❶ Soccer is as popular as baseball in Japan.
　　　　　　　　原級

（日本ではサッカーは野球と同じくらい人気がある）

❷ She speaks English as well as native speakers.
　　　　　　　　　　　　原級

（彼女はネイティブスピーカーと同じくらい上手に英語を話す）

□ popular：人気のある　□ native speaker：（ある言語の）母語話者、ネイティブスピーカー

□ 61-2 原級を用いた重要表現：「何倍〜」

This PC is twice as expensive as that one.
　　　　　　　倍数　　　原級

（このパソコンはあのパソコンより2倍値段が高い）

□ expensive：（値段が）高い

□ Rule 62 | 比較級を用いた比較

□ 62-1 A（比較級）than B（BよりA）

❶ Truth is stranger than fiction.
　　　　　　比較級

（事実は小説より奇なり）

❷ Health is more important than money.
　　　　　　　比較級

（健康はお金より大切だ）

□ truth：事実　□ fiction：小説

□ 62-2 不規則変化の比較級

❶ My English is better than before.
（私の英語は以前より上手になっている）

❷ Nothing is worse than war.
（戦争より悪いものはない）

Check 1 Ruleをチェック!

Listen 》 解説を読んだら、MP3-121で左ページの英文を聞いてみよう。

比較には、2者間の性質・程度が同じことを表す「原級による比較」、2者間に差があることを表す「比較級による比較」、3者以上の間で一番であることを表す「最上級による比較」の3種類があります。このうち、原級による比較は as A as B（Bと同じくらいA）で表し、Aには形容詞または副詞の原級（そのままの形）が入ります。❶ではAに形容詞のpopular（人気のある）、❷では副詞のwell（上手に）がそれぞれ入っています。

+α 否定形の not as A as B は「BほどAではない」を表します。

「倍数＋as A as B」で「Bより〜倍A」を表します。「倍数」は「〜倍」を表す言葉で、「2倍」はtwice、3倍以上はthree times（3倍）、four times（4倍）のようにtimesを使います。例文ではtwice as expensive as that oneで「あれ（that one）より2倍値段が高い」を表しています。

+α twice、〜 times は、それぞれ「2度、2回」、「〜度、〜回」も意味し、現在完了形の経験用法 [⤴ Rule 19-1] でもよく用いられます。

Listen 》 解説を読んだら、MP3-123で左ページの英文を聞いてみよう。

比較級による比較はA than B（BよりA）で表し、Aには形容詞または副詞の比較級（原級＋er、more＋原級）が入ります。1音節の語（発音する母音が1つの語）と、2音節の語の一部は、❶のstrangerのように「原級＋er」で比較級を作ります。2音節の語の大半と、3音節以上の語は、❷のmore importantのように「more＋原級」で比較級を作ります。

+α -erのつけ方：eで終わる語：large→largerのように-rをつけます。子音字＋yで終わる語：easy→easierのようにyをierにします。短母音＋子音字で終わる語：big→biggerのように最後の子音字を重ねて-erをつけます。

good（よい）、well（上手に）、bad（悪い）、many（多くの）[⤴ Rule 28-1]、much（多くの）[⤴ Rule 28-1] などは不規則に変化します。それぞれの比較級、最上級 [⤴ Rule 63] は以下の通りです。
- good, well：better（比較級）- best（最上級）
- bad：worse（比較級）- worst（最上級）
- many, much：more（比較級）- most（最上級）

❶ではgoodの比較級better（よりよい）、❷ではbadの比較級worse（より悪い）が使われています。

Check 2 Exercise にチャレンジ！

☐ **Rule 61** Exercise ｜ 原級を用いた比較

☐ 61-1 日本語の内容に合うようにカッコ内の語句を並べ替えよう。

ニックは彼の父と同じくらい背が高い。

Nick is (his / as / tall / father / as).

▶

☐ tall：背が高い

☐ 61-2 日本語の内容に合うようにカッコ内の語句を並べ替えよう。

彼女は私の3倍の年齢だ。

She is (old / as / times / I / three / as).

▶

☐ **Rule 62** Exercise ｜ 比較級を用いた比較

☐ 62-1 日本語の内容に合うようにカッコ内の語を正しい形に変えよう。

私は今日いつもより30分早く起きた。

I got up 30 minutes (early) than usual today.

▶

☐ 30 minutes early：30分早く　☐ than usual：いつもより

☐ 62-2 日本語の内容に合うようにカッコ内の語を正しい形に変えよう。

彼は私より上手にギターを弾く。

He plays the guitar (well) than I.

▶

Chapter 1
主語と動詞

Chapter 2
文型

Chapter 3
文の種類

Chapter 4
時制

Chapter 5
助動詞

Chapter 6
形容詞

Chapter 7
代名詞

Chapter 8
副詞

Chapter 9
不定詞

Check 3 Pointを押さえてフィニッシュ！

Listen 》 解説を読んだら、**MP3-122**で左ページの英文を聞いてみよう。

【解答】Nick is as tall as his father.

as A as Bで「Bと同じくらいA」を表します。ここではAに形容詞のtall、Bにhis fatherが来て、「彼の父と同じくらい背が高い」を表しています。否定形のNick is not as tall as his father.は「ニックは彼の父ほど背が高くない」を意味します。

【解答】She is three times as old as I.

three times as A as Bで「Bより3倍A」を表します。ここではthree times as old as Iで「私より3倍年を取っている」→「私の3倍の年齢だ」を意味しています。なお、口語ではas Iをas meとすることもあります。

Listen 》 解説を読んだら、**MP3-124**で左ページの英文を聞いてみよう。

【解答】earlier

子音字＋yで終わる語はyをierにして比較級を作ります。early（早く）は子音字＋yで終わっているので、earlierが正解になります。問題文ではthan usual（いつもより）が使われているので、比較級にしなければならないことが分かります。

【解答】better

well（上手に）はbetter（比較級）- best（最上級）のように不規則に変化します。ここではthan I（私より）が使われているので、比較級のbetterにすれば正しい文になります。なお、口語ではthan Iをthan meとすることもあります。

Chapter 10
動名詞

Chapter 11
分詞

Chapter 12
受動態

Chapter 13
疑問詞

Chapter 14
比較

Chapter 15
接続詞

Chapter 16
仮定法過去

Chapter 17
関係代名詞

Chapter 18
前置詞

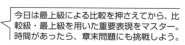

今日は最上級による比較を押さえてから、比較級・最上級を用いた重要表現をマスター。時間があったら、章末問題にも挑戦しよう。

□ Rule 63 | 最上級を用いた比較

□ 63-1 the A（最上級）in [of] B（Bの中で一番A）

❶ Tokyo Skytree is <u>the tallest</u> tower in Japan.
    最上級

（東京スカイツリーは日本で一番高いタワーだ）

❷ Keiko has two sisters,
   and she is <u>the youngest</u> of the three.
               最上級

（ケイコには2人姉妹がいて、彼女は3人の中で一番若い）

□ 63-2 不規則変化の最上級

❶ What color do you like <u>the best</u>?
（何色が一番好きですか?）

❷ It was <u>the worst day</u> of my life.
（それは私の人生で最悪の日だった）

□ Rule 64 | 比較級・最上級を用いた重要表現

□ 64-1 比較級を用いた重要表現：「ほかのどの〜よりも…」

Jane is <u>younger</u> than any other <u>member</u> in the team.
        比較級   単数名詞

（ジェーンはチームのほかのどのメンバーよりも若い）

□ 64-2 最上級を用いた重要表現：「何番目に〜な」

Osaka is the <u>second largest</u> city in Japan.
              序数詞   最上級

（大阪は日本で2番目に大きな都市だ）

Chapter 1
主語と動詞

Chapter 2
文型

Chapter 3
文の種類

Chapter 4
時制

Chapter 5
助動詞

Chapter 6
形容詞

Chapter 7
代名詞

Chapter 8
副詞

Chapter 9
不定詞

Chapter 10
動名詞

Chapter 11
分詞

Chapter 12
受動態

Chapter 13
疑問詞

Chapter 14
比較

Chapter 15
接続詞

Chapter 16
仮定法過去

Chapter 17
関係代名詞

Chapter 18
前置詞

Check 1 Ruleをチェック!

Listen 》 解説を読んだら、**MP3-125**で左ページの英文を聞いてみよう。

最上級による比較はthe A in [of] B（Bの中で一番A）で表し、Aには形容詞または副詞の最上級（原級＋est、most＋原級）が入ります。inの後には場所・組織・集団を表す語句（❶）が、ofの後には主語と同類の語句（❷）が来ます。比較級と同じように、1音節と2音節の語の一部は、❶ tallest、❷ youngestのように「原級＋est」で最上級を作ります。2音節の語の大半と3音節以上の語は「most＋原級」で最上級を作ります。

+α -estのつけ方：比較級の-erのつけ方 [⏎ Rule 62-1] と同様です。

goodとwellの最上級はbest、badの最上級はworst、manyとmuchの最上級はmostのように不規則に変化します [⏎ Rule 62-2]。❶のbestは副詞のwellの最上級、❷のworstは形容詞のbadの最上級です。なお、副詞の最上級にはtheをつけないこともあり、❶はWhat color do you like best?と言うこともできます。

Listen 》 解説を読んだら、**MP3-127**で左ページの英文を聞いてみよう。

A（比較級）than any other B（単数名詞）で「ほかのどのBよりもA」を表し、最上級の意味になります。any other BのBを複数名詞にしないように注意しましょう。

「the＋序数詞＋最上級」で「何番目に～な」を表します。「序数詞」とは順番を表す言葉で、例文のsecond（2番目の）のほか、first（1番目の）、third（3番目の）、fourth（4番目の）、fifth（5番目の）などがあります。例文ではthe second largest cityで「2番目に大きな都市」を表しています。

+α 最上級を使ったそのほかの重要表現：□ one of the＋最上級＋複数名詞：最も～な…の1つ

Check 2 Exercise にチャレンジ!

□ Rule 63 Exercise | 最上級を用いた比較

□ 63-1 日本語の内容に合うようにカッコ内の語句を並べ替えよう。

あなたの国で一番人気のあるスポーツは何ですか?

What is (sport / most / the / popular) in your country? ▶

□ popular：人気のある

□ 63-2 正しい英文になるように空所に入る語を❶～❹から1つ選ぼう。

I like summer the (　　　) of all seasons.

❶ good　❷ well　❸ better　❹ best ▶

□ Rule 64 Exercise | 比較級・最上級を用いた重要表現

□ 64-1 日本語の内容に合うようにカッコ内の語句を並べ替えよう。

エベレスト山は世界のほかのどの山よりも高い。

Mount Everest is (mountain / than / other / higher / any) in the world. ▶

□ Mount Everest：エベレスト山

□ 64-2 日本語の内容に合うようにカッコ内の語句を並べ替えよう。

天王星は太陽系で3番目に大きな惑星だ。

Uranus is (planet / the / biggest / third) in the solar system. ▶

□ Uranus：天王星　□ planet：惑星　□ solar system：(the ～) 太陽系

Listen 》 解説を読んだら、**MP3-126**で左ページの英文を聞いてみよう。

【解答】 What is the most popular sport in your country?

2音節の語の大半と3音節以上の語は「most＋原級」で最上級を作ります。popularは「pop·u·lar」のように3音節の語なので、最上級はmost popularで表します。この後にsportを置き、most popularの前にtheをつければ文が完成します。

【解答と訳】 ④ 私はすべての季節の中で夏が一番好きだ。

文尾にof all seasons（すべての季節の中で）とあるので、最上級の④が正解になります。③のbetterはgoodとwellの比較級です。なお、この文はI like summer best of all seasons.のようにtheを省略することもできます。

Listen 》 解説を読んだら、**MP3-128**で左ページの英文を聞いてみよう。

【解答】 Mount Everest is higher than any other mountain in the world.

any otherの後はmountainのように単数名詞が来ることに注意しましょう。A（比較級）than any other B（単数名詞）（ほかのどのBよりもA）は最上級の意味になり、解答文はMount Everest is the highest mountain in the world.に書き換えることができます。

【解答】 Uranus is the third biggest planet in the solar system.

「the third＋最上級」で「3番目に〜な」を表します。ここではthe third biggest planetで「3番目に大きな惑星」を表しています。ちなみに、「海王星（Neptune）は太陽系で4番目に大きな惑星だ」はNeptune is the fourth biggest planet in the solar system.のように、序数詞fourthを用います。

☐ E079 私はあなたと同じくらい速く走ることができる。

I can (fast / as / you / run / as).

▶

☐ E080 このテストは前回のものより難しかった。

This test was (than / the last / difficult / one / more).

▶

☐ last：前回の、この前の

☐ E081 日本で一番長い川は何ですか？

What is (of / river / longest / Japan / in / the)? (1語不要)

▶

☐ E082 私の両親の寝室は私のものより2倍大きい。

My parents' bedroom is (as / mine / twice / big / as).

▶

☐ bed room：寝室

☐ E083 フレッドはクラスのほかのどの生徒よりも一生懸命勉強する。

Fred studies (other / than / harder / student / any) in the class.

▶

☐ hard：一生懸命に

☐ E084 世界で2番目に高い山は何ですか？

What is (the / mountain / highest / second) in the world?

▶

Chapter 14の学習の仕上げとして、章末問題にチャレンジ！　できなかった問題があったら、Chapter 14をもう1度復習しておこう。それでは、さっそくスタート！

E079
▼
E084

【解答】I can run as fast as you.

原級による比較はas A as B（Bと同じくらいA）で表します。Aには形容詞または副詞の原級が入りますが、ここでは副詞のfast（速く）が来て、run as fast as youで「あなたと同じくらい速く走る」を表しています。

【解答】This test was more difficult than the last one.

2音節の語の大半と、3音節以上の語は「more ＋原級」で比較級を作ります。difficultは「dif・fi・cult」のように3音節なので、more difficultで比較級になります。the last one（前回のもの）はthe last test（前回のテスト）を表しています。

【解答】What is the longest river in Japan?

最上級による比較はthe A（最上級）in [of] B（Bの中で一番A）で表し、inの後には場所・組織・集団を表す語句が、ofの後には主語と同類の語句が来ます。ここではJapanは「場所」なので、「日本で」はin Japanで表します。従って、ofが不要な語になります。

【解答】My parents' bedroom is twice as big as mine.

「倍数＋as A as B」で「Bより～倍A」を表します。ここでは「倍数」にtwice（2倍）が入り、twice as big as mineで「私のものより2倍大きい」を表しています。mine（私のもの）はmy bedroomを意味します。

【解答】Fred studies harder than any other student in the class.

A（比較級）than any other B（単数名詞）（ほかのどのBよりもA）は、最上級の意味になります。Bには単数名詞が入ることに注意しましょう。

【解答】What is the second highest mountain in the world?

「the ＋序数詞＋最上級」で「何番目に～な」を表します。ここではthe second highest mountainで「2番目に高い山」を表しています。

Chapter 15

接続詞

Chapter 15では、接続詞の用法をマスターしていきます。2つの文を「接続」するので1文が長くなりますが、しっかり読んで、聞いて、音読して身につけていきましょう。

英語でコレ言える？

暗くなる前に家に帰りましょう。
Let's go home (　　) it gets dark.

答えは Rule 68 でチェック！

Chapter 15では「接続詞」をチェック。まずは接続詞の種類を押さえてから、接続詞thatの用法を見ていこう。

☐ Rule 65 | 接続詞の種類

☐ 65-1 等位接続詞

❶ Satomi can speak Japanese and English.
　　　　　　　　　　　　　　A　　　　　B

（サトミは日本語と英語を話すことができる）

❷ I was hungry, but dinner was not ready.
　　A　　　　　　　　　B

（私はおなかがすいていたが、夕食は出来上がっていなかった）

☐ 65-2 従属接続詞

❶ I will stay home if it rains tomorrow.
　　　　　A　　　　　B

（明日雨が降ったら、私は家にいるつもりだ）

❷ He started playing the guitar when he was 8.
　　　　　A　　　　　　　　　　　　　B

（彼は8歳の時にギターを弾き始めた）

☐ stay home：家にいる　☐ start doing：〜し始める

☐ Rule 66 | 接続詞that

☐ 66-1 動詞thinkなどの目的語になる

❶ I don't think that money is everything.
　　　　V　　　　O

（私はお金がすべてだとは思わない）

❷ I hope that you will get well soon.
　　V　　　　O

（あなたが早く回復することを願います）

☐ get well：（病気から）元気になる、回復する

☐ 66-2 thatはしばしば省略される

❶ I think you're wrong.
　　V　　　O

（あなたは間違っていると思う）

❷ He said he loved me.
　　V　　　O

（彼は私を愛していると言った）

☐ wrong：（人が）間違っている、思い違いをしている

Rule 65
Rule 66

Chapter 1
主語と動詞

Chapter 2
文型

Chapter 3
文の種類

Chapter 4
時制

Chapter 5
助動詞

Chapter 6
形容詞

Chapter 7
代名詞

Chapter 8
副詞

Chapter 9
不定詞

Chapter 10
動名詞

Chapter 11
分詞

Chapter 12
受動態

Chapter 13
疑問詞

Chapter 14
比較

Chapter 15
接続詞

Chapter 16
仮定法過去

Chapter 17
関係代名詞

Chapter 18
前置詞

Check 1 Ruleをチェック!

Listen 》》 解説を読んだら、**MP3-129**で左ページの英文を聞いてみよう。

接続詞は、語（句）・文を結ぶ働きをします。接続詞のうち、2つの語（句）や文を対等の関係で結ぶ接続詞を等位接続詞と呼びます。等位接続詞の代表格はand、but、orで、それぞれの基本的な意味はA and B（AとB）、A but B（AしかしB）、A or B（AまたはB）です。❶ではJapaneseとEnglishという2つの語をandが、❷では前後の文をbutが結んでいます。

+α 命令文 [Rule 13-1] の後に用いるandとor：「命令文, and …」で「〜しなさい、そうすれば…」、「命令文, or …」で「〜しなさい、さもないと…」を表します。

内容的に中心となる文を「接続詞＋文」の形で修飾する接続詞を従属接続詞と呼びます。❶では接続詞のif（もし〜ならば）[Rule 69-2] に導かれたif B（明日雨が降ったら）が、❷では接続詞のwhen（〜する時に）[Rule 67-1] に導かれたwhen B（彼が8歳の時に）が、それぞれ内容的に中心となる文Aを修飾しています。

Listen 》》 解説を読んだら、**MP3-131**で左ページの英文を聞いてみよう。

接続詞thatに導かれた文は「〜ということ」を表し、動詞thinkなどの目的語の働きをします。❶ではthat money is everything（お金がすべてだということ）がthink（〜と思う）の目的語、❷ではthat you will get well soon（あなたが早く回復するということ）がhope（〜と願う）の目的語になっています。

+α that 〜を目的語に取るそのほかの動詞：□ believe：〜を信じる　□ explain：〜を説明する　□ know：〜を知っている　□ say：〜と言う　□ understand：〜を分かっている

口語では、接続詞のthatはしばしば省略されます。❶ではthat you're wrong（あなたは間違っているということ）、❷ではthat he loved me（彼は私を愛していたということ）のthatが省略されています。

+α 感情を表す形容詞に続くthat 〜：□ be sure that 〜：〜と確信している　□ be afraid that 〜：〜ではないかと心配している　□ be sorry that 〜：〜ということをすまなく思っている　□ be glad that 〜：〜ということがうれしい　□ be happy that 〜：〜ということがうれしい
+α これらのthatもしばしば省略されます。

Check 2 Exerciseにチャレンジ!

□ Rule 65 Exercise | 接続詞の種類

□ 65-1 日本語の内容に合うように空所に入る語を❶〜❹から1つ選ぼう。

すぐに起きなさい、さもないと学校に遅刻しますよ。

Get up now, (　　　) you'll be late for school.

❶ and　❷ but　❸ or　❹ so

　□ get up：起きる

□ 65-2 日本語の内容に合うようにカッコ内の語句を並べ替えよう。

何か手伝いが必要ならば、私に知らせてください。

(any / you / help / if / need), please let me know.

□ Rule 66 Exercise | 接続詞 that

□ 66-1 日本語の内容に合うようにカッコ内の語句を並べ替えよう。

地球は太陽の周りを回っているとコペルニクスは言った。

Copernicus said (around / the / goes / that / earth) the sun.

　□ Copernicus：コペルニクス（[1473—1543] 地動説を唱えたポーランドの天文学者）　□ earth：
地球　□ go around A：Aの周りを回る

□ 66-2 日本語の内容に合うようにカッコ内の語句を並べ替えよう。

彼女が私を大嫌いであることを私は知っている。

(hates / know / she / I / me).

　□ hate：〜が大嫌いである

Check 3 Pointを押さえてフィニッシュ！

Listen))) 解説を読んだら、**MP3-130**で左ページの英文を聞いてみよう。

【解答】❸

「命令文, or …」で「〜しなさい、さもないと…」を表します。従って正解は ❸のorになります。「命令文, and …」は「〜しないさい、そうすれば…」を 意味します。❹のsoも等位接続詞で、主に文と文を結びA so Bで「AだからB」を表します。

【解答】If you need any help, please let me know.

if 〜やwhen 〜は文頭に置くこともできます。ここでは接続詞ifに導かれたIf you need any help（何か手伝いが必要ならば）が文頭に置かれ、内容的に中心となる文のplease let me know（私に知らせてください）を修飾しています。

Listen))) 解説を読んだら、**MP3-132**で左ページの英文を聞いてみよう。

【解答】Copernicus said that the earth goes around the sun.

sayはthatに導かれた文を目的語に取り、「〜と言う」を表します。なお、Copernicus said（コペルニクスは言った）の時制は過去ですが、「地球は太陽の周りを回っている」というのは「真理や一般的事実」ですので、ここでは現在形が使われています［🔲 Rule 15-2］。

【解答】I know she hates me.

口語ではI know（私は〜を知っている）に続くthat 〜の接続詞thatはしばしば省略されます。ここではthat she hates me（彼女が私を大嫌いであるということ）のthatが省略されています。

Day 34 接続詞2

今日は時を表す接続詞をチェック。接続詞が含まれた文は長くなるので、しっかりと構造を押さえることが大切だよ。

□ Rule 67 | 時を表す接続詞1

□ 67-1 『~する時に』を表す when

❶ I usually watch YouTube when **I have free time.**
　　　　　A　　　　　　　　　　　　B

（暇な時間がある時は、私はたいていユーチューブを見る）

❷ I will call you when **I get there.**
　　　A　　　　　　　　　　B

（そこに着いたら、あなたに電話します）

□ **usually**：たいてい、普通は

□ 67-2 『~して以来』を表す since

Takashi and Hiroki have been good friends since **they were children.**
　　　　　A（現在完了形）　　　　　　　　　　　　　　　　　B（過去形）

（子どものころからタカシとヒロキは親友だ）

□ Rule 68 | 時を表す接続詞2

□ 68-1 『~する前に』を表す before

Let's go home before **it gets dark.**
（暗くなる前に家に帰りましょう）

□ **get dark**：(itを主語にして) 暗くなる

□ 68-2 『~した後に』を表す after

He and his wife moved to Hokkaido after **he retired.**
（彼が退職した後に、彼と彼の妻は北海道に引っ越した）

□ **move to A**：Aに引っ越す　□ **retire**：退職［引退］する

Check 1 Ruleをチェック!

Listen 》 解説を読んだら、**MP3-133**で左ページの英文を聞いてみよう。

接続詞のwhenは「〜する時［場合］に」を表します。❶、❷とも、内容的に中心となる文はAで、when Bが文Aを修飾しています。なお、❷のwhen I get there（私がそこに着いたら）は未来のことですが、whenなどの「時」を表す接続詞に導かれた文では未来のことでも現在形で表すことに注意しましょう。

接続詞のsinceは「〜して以来」という意味で、普通はsinceが導く文Bは過去形、文Aは継続を表す現在完了形［ Rule 19-2］になります。例文では、文Bを起点として、「それ以来ずっと」親友という状態が継続していることを表しています。sinceには「〜以来」を意味する前置詞の用法もあります［ Rule 75-1］。

Listen 》 解説を読んだら、**MP3-135**で左ページの英文を聞いてみよう。

接続詞のbeforeは「〜する前に」を表します。例文では、before it gets darkで「暗くなる前に」を表しています。このitは天候を述べる際に使われ、訳す必要はありません。before it gets darkは未来のことですが、時を表す接続詞beforeに導かれているので現在形が用いられています。

接続詞のafterは「〜した後に」を表します。例文ではafter he retiredで「彼が退職した後に」を表しています。afterは過去のある時点を起点にするほかにも、I'll call you after I finish my work.（仕事が終わった後にあなたに電話します）のように、未来のある時点を起点にするときにも使われます。この場合も、時を表すほかの接続詞と同様に、未来のことでも現在形が用いられることに注意しましょう。

Check 2 Exerciseにチャレンジ!

☐ Rule 67 Exercise | 時を表す接続詞1

☐ 67-1 日本語の内容に合うようにカッコ内の語句を並べ替えよう（1語不要）。

家を出る時にドアに鍵をかけなさい。

Lock the door (the / leave / will / you / house / when).

▶

☐ lock：～に鍵をかける　☐ leave：（家など）を出る

☐ 67-2 日本語の内容に合うようにカッコ内の語句を並べ替えよう。

私たちが結婚してから20年がたつ。

Twenty years have passed (got / we / since / married).

▶

☐ pass：（時間が）過ぎる、たつ　☐ get married：結婚する

☐ Rule 68 Exercise | 時を表す接続詞2

☐ 68-1 日本語の内容に合うようにカッコ内の語句を並べ替えよう（1語不要）。

決定する前に慎重に考えなさい。

Think carefully (decision / make / will / before / a / you).

▶

☐ carefully：慎重に、注意深く　☐ make a decision：決定［決心］する

☐ 68-2 日本語の内容に合うようにカッコ内の語句を並べ替えよう（1語不要）。

大学を卒業した後に、私は自分の会社を設立するつもりだ。

I will start my own company (from / will / after / graduate / I / college).

▶

☐ start a company：会社を設立する　☐ own：自分の　☐ graduate from A：Aを卒業する

Check 3 Pointを押さえてフィニッシュ！

Listen 》 解説を読んだら、MP3-134で左ページの英文を聞いてみよう。

【解答】Lock the door when you leave the house.

接続詞のwhenに導かれた文では、未来のことでも現在形で表します。従って、未来を表す助動詞のwillが不要になります。疑問詞のwhen [🔲 Rule 56-1] に導かれた文では、Do you know when she will be back?（彼女がいつ戻るか知っていますか？）のように、未来のことは未来形で表します。

【解答】Twenty years have passed since we got married.

「〜して以来」を意味する接続詞sinceの後に過去形の文（we got married）を続ければ文が完成します。なお、X years have passed since 〜. （〜してからX年がたつ）はIt has been X years since 〜. （〜してからX年である）に書き換えることができます。このItは時間を述べる際に使われ、訳す必要はありません。

Listen 》 解説を読んだら、MP3-136で左ページの英文を聞いてみよう。

【解答】Think carefully before you make a decision.

接続詞のbeforeに導かれた文では、未来のことでも現在形で表します。ここでは「決定する（make a decision）」のは未来のことですが、現在形が使われています。従って、不要な語はwillになります。

【解答】I will start my own company after I graduate from college.

接続詞のafterに導かれた文では、未来のことでも現在形で表します。「大学を卒業する（graduate from college）」のは未来のことですが、解答では現在形になっていることに注意しましょう。従って、不要な語はwillになります。

Day 35 接続詞3

今日は理由・条件を表す接続詞から見ていこう。接続詞が含まれた文は長くなるけれど、「読んで・聞いて・音読する」を忘れずに!

☐ **Rule 69** | **理由・条件を表す接続詞**

☐ 69-1 「〜だから」を表す because

She went to bed early because **she was tired.**
　　　　　　A　　　　　　　　　　　　　　B

（疲れていたので、彼女は早めに寝た）

☐ go to bed：寝る

☐ 69-2 「もし〜ならば」を表す if

❶ If **you have any questions, please ask me.**
　　　　　　A　　　　　　　　　　　　B

（何か質問があれば、私に聞いてください）

❷ If **the weather is good tomorrow, let's go to the beach.**
　　　　　　　A　　　　　　　　　　　　　　B

（明日天気がよければ、ビーチに行きましょう）

☐ **Rule 70** | **その他の接続詞**

☐ 70-1 「〜だけれども」を表す although

Although it was raining heavily, we went out.

（大雨が降っていたが、私たちは外出した）

☐ heavily：大量に、たくさん

☐ 70-2 「非常にAなので〜」を表す so A that 〜

❶ I'm so **sleepy** that I can't concentrate.
　　　　　形容詞

（非常に眠いので、私は集中できない）

❷ He spoke so **quietly** that we couldn't hear him.
　　　　　　　副詞

（彼はとても小声で話したので、私たちは彼の言うことが聞こえなかった）

☐ concentrate：（意識を）集中する　☐ quietly：小声で

Rule 69
Rule 70

Chapter 1
主語と動詞

Chapter 2
文型

Chapter 3
文の種類

Chapter 4
時制

Chapter 5
助動詞

Chapter 6
形容詞

Chapter 7
代名詞

Chapter 8
副詞

Chapter 9
不定詞

Chapter 10
動名詞

Chapter 11
分詞

Chapter 12
受動態

Chapter 13
疑問詞

Chapter 14
比較

Chapter 15
接続詞

Chapter 16
仮定法過去

Chapter 17
関係代名詞

Chapter 18
前置詞

Check 1 Rule をチェック!

Listen 》解説を読んだら、MP3-137で左ページの英文を聞いてみよう。

because（～だから、～なので）は理由・原因を表します。例文では、内容的に中心となる文A（彼女は早めに寝た）をbecause B（彼女は疲れていたので）が修飾しています。

+α becauseは、Why ～?（なぜ～?）など理由・原因を問う質問に対して、Because ～.（～だから）と返答する際にも用いられます。

if（もし～ならば）は条件を表します。❶、❷とも、「If A, B」ですが、文Bを文頭に持ってきても意味は同じです。❷のIf the weather is good tomorrow（明日天気がよければ）は未来のことですが、ifに導かれた文では未来のことでも現在形で表すことに注意しましょう。

+α 接続詞のwhen [🔲 Rule 67-1]、since [🔲 Rule 67-2]、before [🔲 Rule 68-1]、after [🔲 Rule 68-2]、because [🔲 Rule 69-1]、although [🔲 Rule 70-1] は、❶、❷のように文頭に置くこともできます。その際、「接続詞+文A」の後には普通はコンマ（,）が打たれます。

Listen 》解説を読んだら、MP3-139で左ページの英文を聞いてみよう。

althoughは「～だけれども、～だが、～にもかかわらず」を表します。「Although A, B」は「A, but B」とすることもできますが、althoughのほうが硬い表現です。

so A（形容詞・副詞）that ～で「非常にAなので～」を表します。❶ではAに形容詞のsleepy（眠い）、❷ではAに副詞のquietly（小声で）がそれぞれ入っています。

Check 2 Exercise にチャレンジ!

□ **Rule 69** Exercise 理由・条件を表す接続詞

□ 69-1 日本語の内容に合うようにカッコ内の語句を並べ替えよう。

私がデートに遅れたので、彼女は怒っていた。

She was angry (late / was / because / for / date / I / our).

▶

□ late：(〜に) 遅れて、遅刻して (for 〜)

□ 69-2 日本語の内容に合うようにカッコ内の語句を並べ替えよう（2語不要）。

あなたが明日暇なら、集まりましょう。

Let's get together (free / are / tomorrow / will / you / be / if).

▶

□ get together：集まる、会う □ free：暇な、仕事が入っていない

□ **Rule 70** Exercise その他の接続詞

□ 70-1 日本語の内容に合うように空所に入る語を①〜④から1つ選ぼう。

彼女は若いが、経験が豊富だ。

(   ) she is young, she has a lot of experience.

▶

① When ② Because ③ Although ④ If

□ experience：経験

□ 70-2 日本語の内容に合うようにカッコ内の語句を並べ替えよう。

私は昨日非常に忙しかったので、あなたに電話するのを忘れた。

I (yesterday / busy / was / that / so) I forgot to call you.

▶

□ forget to do：〜するのを忘れる

Listen))) 解説を読んだら、**MP3-138**で左ページの英文を聞いてみよう。

【解答】 She was angry because I was late for our date.

「文A 接続詞 文B」という構造を押さえましょう。この文では、中心となる文がShe was angry（彼女は怒っていた）、その理由・原因をbecauseに導かれたI was late for our date（私がデートに遅れた）が表しています。

【解答】 Let's get together if you are free tomorrow.

接続詞のifに導かれた文は、未来のことでも現在形で表します。「あなたが明日暇なら」はif you are free tomorrowのように現在形が使われます。従って、不要な2語はwillとbeです。tomorrow（明日）に引っ張られて、（×）if you will be free tomorrowとしないように注意しましょう。

Listen))) 解説を読んだら、**MP3-140**で左ページの英文を聞いてみよう。

【解答】 ❸

選択肢の意味はそれぞれ、❶「～する時」、❷「～だから」、❸「～だけれども」、❹「もし～ならば」なので、日本語の内容に合う❸が正解です。この文はShe is young, but she has a lot of experience.のように等位接続詞のbut [Rule 65-1] を使って書き換えることができます。

【解答】 I was so busy yesterday that I forgot to call you.

so A that ～（非常にAなので～）のso Aの後に、修飾語が入ることがあります。解答文ではso busyの後に修飾語のyesterday（昨日）が入って、I was so busy yesterday that ～で「私は昨日非常に忙しかったので～」を表しています。なお、forget to do（～するのを忘れる）のto doはto不定詞の名詞的用法 [Rule 41-2] で、forget（～を忘れる）の目的語になっています。

Chapter 1 主語と動詞
Chapter 2 文型
Chapter 3 文の種類
Chapter 4 時制
Chapter 5 助動詞
Chapter 6 形容詞
Chapter 7 代名詞
Chapter 8 副詞
Chapter 9 不定詞
Chapter 10 動名詞
Chapter 11 分詞
Chapter 12 受動態
Chapter 13 疑問詞
Chapter 14 比較
Chapter 15 接続詞
Chapter 16 仮定法過去
Chapter 17 関係代名詞
Chapter 18 前置詞

□ E085 何か助言が必要ならば、私たちにご連絡ください。

(advice / need / you / any / if), please contact us.

▶

□ contact：～と連絡を取る

□ E086 私がお風呂に入っていた時に、私の電話が鳴った。

(when / my phone / was / rang / I) taking a bath.

▶

□ rang：ring（[電話が] 鳴る）の過去形　□ take a bath：風呂に入る

□ E087 初めて彼らを聴いて以来、私はそのバンドが大好きだ。

(the band / loved / since / have / I) I first heard them.

▶

□ band：（音楽の）バンド　□ first：初めて

□ E088 雨が降っていたので、その試合は中止になった。

The game was canceled (　　　) it was raining.

❶ after　❷ when　❸ if　❹ because

▶

□ cancel：～を中止する

□ E089 食べる前に手を洗いなさい。

Wash (hands / eat / will / your / before / you). （1語不要）

▶

□ E090 卒業した後に、あなたは何をするつもりですか？

What (you / graduate / will / you / after /do)?

▶

□ graduate：卒業する

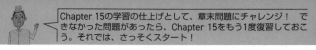

Chapter 15の学習の仕上げとして、章末問題にチャレンジ！ できなかった問題があったら、Chapter 15をもう1度復習しておこう。それでは、さっそくスタート！

【解答】 If you need any advice, please contact us.

ifは「もし〜ならば」という条件を表します。条件を表すifに導かれた文では、「何か」を表す際は、普通はsomeではなくanyを用います。

【解答】 My phone rang when I was taking a bath.

接続詞に導かれる文をしっかり押さえましょう。ここでは、接続詞when（〜する時に）に導かれているのは「私がお風呂に入っていた」という文なので、whenの後に過去進行形のI was (taking a bath)を続けます。「私の電話が鳴った」は第1文型で、My phone rangは日本語の語順と同じです。

【解答】 I have loved the band since I first heard them.

since（〜して以来）は、普通は現在完了形とともに用いられ、sinceに導かれる文は過去形になります。ここでは、I first heard them（私が初めて彼らを聴いた）という過去の起点以来「私は（ずっと）そのバンドが大好きだ」を、継続を表す現在完了形のI have loved the bandで表しています。

【解答】 ④

becauseは「〜だから、〜なので」という理由・原因を表します。日本語は「雨が降っていたので」という理由・原因を表しているので、④のbecauseが正解になります。①のafterは「〜した後で」を表します。

【解答】 Wash your hands before you eat.

時を表す接続詞before（〜する前に）に導かれた文では、未来のことでも現在形が用いられます。ここでは「食べる」というのはwash your hands（手を洗う）よりも未来のことですが、before you eat（あなたが食べる前に）のように現在形で表すことに注意しましょう。従って、willが不要な語になります。

【解答】 What will you do after you graduate?

時を表す接続詞after（〜した後に）に導かれた文では、未来のことでも現在形が用いられます。ここでは「卒業する」というのは未来のことですが、after you graduate（卒業した後に）のように現在形が用いられていることに注意しましょう。

Chapter 16

仮定法過去

Chapter 16では、仮定法過去の用法をマスターしていきます。「現在の事実と異なること」を表す便利な表現です。しっかり身につけて、表現のバリエーションを増やしましょう。

Day 36
☐ **Rule 71**：仮定法過去の形
☐ **Rule 72**：I wishを使った仮定法過去
▶214
End-of-Chapter Exercise
▶218

英語でコレ言える？

彼がここにいればなあ。
I wish he (　　) here.

答えは Rule 72でチェック！

Chapter 16では仮定法過去をチェック。しっかりとマスターすれば、表現のバリエーションが格段に増えること間違いなし！

□ Rule 71 | 仮定法過去の形

□ 71-1 **一般動詞の場合**：If S did（過去形）, S would [could] do.

If I had time, I would travel more.
　　S　did　　　S　　would do
（時間があれば、私はもっと旅行するのに）

　　□ **travel**：旅行する

□ 71-2 **be動詞の場合**：If S were ～, S would [could] do.

If I were you, I would study harder.
　　S　were　　　S　would do
（私があなたなら、もっと一生懸命勉強するのに）

□ Rule 72 | I wishを使った仮定法過去

□ 72-1 I wish S did（過去形）.

❶ **I wish I had more money.**
　　　　　S　did
（もっとお金を持っていればなあ）

❷ **I wish I could speak English.**
　　　　　　canの過去形
（英語を話すことができればなあ）

□ 72-2 I wish S were ～.

I wish he were here.
　　　　S　were
（彼がここにいればなあ）

Chapter 1
主語と動詞

Chapter 2
文型

Chapter 3
文の種類

Chapter 4
時制

Chapter 5
助動詞

Chapter 6
形容詞

Chapter 7
代名詞

Chapter 8
副詞

Chapter 9
不定詞

Chapter 10
動名詞

Chapter 11
分詞

Chapter 12
受動態

Chapter 13
疑問詞

Chapter 14
比較

Chapter 15
接続詞

Chapter 16
仮定法過去

Chapter 17
関係代名詞

Chapter 18
前置詞

Check 1 Ruleをチェック!

Listen 》》 解説を読んだら、MP3-141で左ページの英文を聞いてみよう。

仮定法過去は、現在の事実と異なることを表す際に用いられ、ifに続く文の一般動詞は、例文のhadのように過去形になります。仮定法過去の基本形はIf S did（過去形）, S would [could] doで、「もし〜ならば、〜する［できる］のに」を表します（wouldはwillの、couldはcanの過去形です）。例文では、現在の事実と異なること（＝時間があること）をIf I had time（時間があれば）で表しています。

仮定法過去で、ifに続く文の動詞がbe動詞の場合、主語の人称・数にかかわらずbe動詞はwereを使うのが原則です。例文では、現在の事実と異なること（＝私があなたであること）をIf I were you（私があなたなら）で表しています。

Listen 》》 解説を読んだら、MP3-143で左ページの英文を聞いてみよう。

I wish 〜（仮定法過去の文）は「〜ならなあ」と現時点で実現不可能な願望を表し、I wishに続く文の一般動詞は過去形になります。❶では、現在の事実と異なること（＝私がもっとお金を持っていること）をI had more moneyで表しています。また、I wishの後には❷のように助動詞の過去形が来ることも多く、ここでは「私が英語を話すことができる」という願望をI could speak Englishで表しています。

➕α 実現可能な願望はI hope 〜（〜と願う）で表します。

I wishに続く文の動詞がbe動詞の場合、主語の人称・数にかかわらずbe動詞はwereを使うのが原則です。ここでは、現在の事実と異なること（＝彼がここにいること）をhe were hereで表しています。

➕α 主語が1人称単数（I）、3人称単数（he, she, it）の場合、口語ではwereの代わりにwasを用いることもあります。

Check 2 Exerciseにチャレンジ!

☐ Rule 71 Exercise | 仮定法過去の形

☐ 71-1 日本語の内容に合うようにカッコ内の語を正しい形に変えよう。

彼が彼女の電話番号を知っていれば、彼は彼女と連絡を取れるのに。

If he (know) her phone number, he could contact her.

▶

☐ phone number：電話番号 ☐ contact：～と連絡を取る

☐ 71-2 日本語の内容に合うようにカッコ内の語句を並べ替えよう（1語不要）。

私があなたなら、そうしないのに。

(were / I / you / am / if), I wouldn't do that.

▶

☐ Rule 72 Exercise | I wishを使った仮定法過去

☐ 72-1 日本語の内容に合うようにカッコ内の語を正しい形に変えよう。

ハワイに住んでいればなあ。

I wish I (live) in Hawaii.

▶

☐ 72-2 日本語の内容に合うようにカッコ内の語句を並べ替えよう（1語不要）。

若ければなあ。

I (were / wish / younger / am / I).

▶

Chapter 1
主語と動詞

Chapter 2
文型

Chapter 3
文の種類

Chapter 4
時制

Chapter 5
助動詞

Chapter 6
形容詞

Chapter 7
代名詞

Chapter 8
副詞

Chapter 9
不定詞

Chapter 10
動名詞

Chapter 11
分詞

Chapter 12
受動態

Chapter 13
疑問詞

Chapter 14
比較

Chapter 15
接続詞

Chapter 16
仮定法過去

Chapter 17
関係代名詞

Chapter 18
前置詞

Check 3 Pointを押さえてフィニッシュ！

Listen 》解説を読んだら、**MP3-142**で左ページの英文を聞いてみよう。

【解答】 knew

現在の事実と異なることを表す際、ifに続く文の一般動詞は過去形になります。
ここでは、現在の事実と異なること（＝彼が彼女の電話番号を知っていること）を If he knew her phone number（彼が彼女の電話番号を知っていれば）で表しています。

【解答】 If I were you, I wouldn't do that.

If I were you（私があなたなら）は「固まり」で覚えておきましょう。従って、
amが不要な語です。If I were youは相手に対して丁寧に忠告する際の慣用表現です。

Listen 》解説を読んだら、**MP3-144**で左ページの英文を聞いてみよう。

【解答】 lived

I wishに続く文の一般動詞は過去形になります。従って、liveをlivedにすれば正しい文になります。

【解答】 I wish I were younger.

I wishに続く文のbe動詞はwereを使うのが原則です。従って、amが不要な語になります。youngerのように比較級 [Rule 62] が用いられているのは、「(今よりも) 若い」を表すためです。

□ E091　もっと一生懸命に勉強すれば、彼女はよりよい成績が取れるのに。

If she (study) harder, she (can) get better grades.

▶

　　　　□ grade：（授業の）成績

□ E092　私が彼なら、私はそんなことは言わないのに。

If I (be) him, I (won't) say such a thing.

▶

□ E093　もっとお金を持っていたら、私はその車を買えるのに。

If I (money / buy / could / had / I / more) the car.

▶

□ E094　私があなたなら、その仕事に応募するのに。

(you / I / if / were), I would apply for the job.

▶

　　　　□ apply for A：A（仕事など）に応募する

□ E095　飛ぶことができればなあ。

I (fly / wish / could / I).

▶

□ E096　彼が私のボーイフレンドならなあ。

(were / wish / he / I / is) my boyfriend. （1語不要）

▶

Chapter 16の学習の仕上げとして、章末問題にチャレンジ！ できなかった問題があったら、Chapter 16をもう1度復習しておこう。それでは、さっそくスタート！

E091
▼
E096

【解答】studied, could

仮定法過去の基本形は If S did（過去形）, S would [could] do で、「もし〜ならば、〜する［できる］のに」を表します。従って、最初のカッコ内のstudyはstudiedに、次のカッコ内のcanはcouldになります。仮定法過去は、現在の事実と異なることを表す際に用いられます。

【解答】were, wouldn't

仮定法過去で、ifに続く文の動詞がbe動詞の場合、主語の人称・数にかかわらずbe動詞はwereを使うのが原則です。従って、最初のカッコ内のbeはwereになります。次のカッコ内のwon't（will notの短縮形）をwouldn't（would notの短縮形）にすれば仮定法過去の文になります。

【解答】If I had more money, I could buy the car.

日本語の内容から、現在の事実と異なることを表す仮定法過去の文だと分かります。仮定法過去の基本形は If S did（過去形）, S would [could] do で表すので、前半の If I の後に had more money、その後に「〜を買えるのに」を表す I could buyを続ければ文が完成します。普通、If S did の後にはコンマ(,)を打ちます。

【解答】If I were you, I would apply for the job.

If I were you（私があなたなら）は固まりで覚えましょう。会話でも頻出なので、すぐに口をついて出てくるようにしておきましょう。

【解答】I wish I could fly.

I wish I could 〜 . で「〜することができればなあ」を表します。I wish に続く助動詞や動詞は過去形になることに注意しましょう。

【解答】I wish he were my boyfriend.

I wish に続く文の動詞がbe動詞の場合、be動詞はwereを使うのが原則です。従って、isが不要な語になります。

Chapter
17

関係代名詞

Chapter 17では、関係代名詞の用法をマスターしていきます。難しく思われがちですが、「関係代名詞に導かれた文が直前の名詞を修飾する」というルールを押さえれば大丈夫！

英語でコレ言える？
▼

私にはソウルに住んでいるおじがいる。

I have an uncle (　　) lives in Seoul.

▼
答えは Rule 73 でチェック！

Day 37 関係代名詞

中学英文法の最難関、「関係代名詞」が登場！
でも大丈夫。元の2つの文で重なる「語」が
分かれば、簡単に1つの文にできるよ。

□ Rule 73 | 主格の関係代名詞

□ 73-1 先行詞が人の場合

❶ I have an uncle. He lives in Seoul.
　　　　　an uncle ＝ He を who [that] にする
(私にはおじがいる。彼はソウルに住んでいる)

❷ I have an uncle who [that] lives in Seoul.
　　　　　　　　先行詞　　　　←
(私にはソウルに住んでいるおじがいる)

□ Seoul：ソウル（韓国の首都）

□ 73-2 先行詞が物の場合

❶ This is the bus. It goes to the airport.
　　　　　　the bus ＝ It を which [that] にする
(これはバスだ。それは空港に行く)

❷ This is the bus which [that] goes to the airport.
　　　　　　　先行詞　　　　　←
(これは空港に行くバスだ)

□ Rule 74 | 目的格の関係代名詞

□ 74-1 先行詞が人の場合

❶ The man is my friend. You met him yesterday.
　The man 　　　　　　　　　　　　＝ him を that にして文頭に置く
(その男性は私の友人だ。あなたは昨日彼に会った)

❷ The man (that) you met yesterday is my friend.
　先行詞　　　　←
(あなたが昨日会った男性は私の友人だ)

□ 74-2 先行詞が物の場合

❶ This is the book. I borrowed it from Hiroshi.
　　　　　　the book 　　　　　　　＝ it を which [that] にして文頭に置く
(これは本だ。私はそれをヒロシから借りた)

❷ This is the book (which [that]) I borrowed from Hiroshi.
　　　　　　先行詞　　　　　　　←
(これは私がヒロシから借りた本だ)

□ borrow：〜を借りる

222 ▸ 223

Check 1 Ruleをチェック!

Listen 》 解説を読んだら、MP3-145で左ページの英文を聞いてみよう。

関係代名詞に導かれた文は、直前の名詞を修飾します。修飾される名詞を先行詞と呼びます。先行詞が「人」の場合、主格の関係代名詞はwhoまたはthatが用いられます。❶の1文目のan uncleは、2文目で主格（＝主語）[🔲 Rule 03-1] のHeになっています。このHeを主格の関係代名詞whoまたはthatに替え、先行詞an uncleの直後に置いてan uncleを修飾します（❷）。an uncle who [that] lives in Seoulで「ソウルに住んでいるおじ」を表します。

+α 主格の関係代名詞は省略することができません。

先行詞が「物」の場合、主格の関係代名詞はwhichまたはthatが用いられます。❶の1文目のthe busは、2文目で主格（＝主語）のItになっています。このItを主格の関係代名詞whichまたはthatに替え、先行詞the busの直後に置いてthe busを修飾します（❷）。the bus which [that] goes to the airportで「空港に行くバス」を表します。

+α 口語ではwhichよりthatがよく用いられます。

Listen 》 解説を読んだら、MP3-147で左ページの英文を聞いてみよう。

先行詞が「人」の場合、目的格の関係代名詞はthat（またはwho、whom）が用いられます。❶の1文目のThe manは、2文目で目的格（＝目的語）のhimになっています。このhimを目的格の関係代名詞thatに替え、that you met yesterdayのようにthatを文頭に置き、先行詞The manの直後に入れてThe manを修飾します（❷）。目的格の関係代名詞はしばしば省略されます。

先行詞が「物」の場合、目的格の関係代名詞はwhichまたはthatが用いられます。❶の1文目のthe bookは、2文目で目的格（＝目的語）のitになっています。このitを目的格の関係代名詞which [that]に替え、which [that] I borrowed from Hiroshiのようにwhich [that]を文頭に置き、先行詞the bookの直後に入れてthe bookを修飾します（❷）。先行詞が物の場合でも、目的格の関係代名詞はしばしば省略されます。

Check 2 Exercise にチャレンジ!

□ Rule 73 Exercise | 主格の関係代名詞

□ 73-1 次の2つの文を、関係代名詞のwhoを使って1つの文にしよう。

❶ There are a lot of people.
(たくさんの人がいる)

❷ They want to learn Japanese.
(彼らは日本語を学びたがっている) ▶

□ 73-2 日本語の内容に合うようにカッコ内の語句を並べ替えよう。

バリはその文化で有名な島だ。

Bali is (famous / that / island / an / is) for its culture. ▶

□ **Bali**：バリ島(インドネシアの島) □ **be famous for A**：Aで有名である

□ Rule 74 Exercise | 目的格の関係代名詞

□ 74-1 次の2つの文を、関係代名詞のthatを使って1つの文にしよう。

❶ The girl is very charming.
(その女の子はとても感じがいい)

❷ David likes her.
(デイビッドは彼女が好きだ) ▶

□ **charming**：感じ[愛想]がいい、魅力的な

□ 74-2 日本語の内容に合うようにカッコ内の語句を並べ替えよう。

私の母が作ったケーキはとてもおいしかった。

(mother / cake / made / the / my) was delicious. ▶

□ **delicious**：とてもおいしい

Listen 》 解説を読んだら、**MP3-146**で左ページの英文を聞いてみよう。

【解答と訳】 There are a lot of people who want to learn Japanese.
（日本語を学びたがっているたくさんの人がいる）

2つの文の重なる語句を見つけ、関係代名詞に導かれた文を先行詞の直後に置いて1つの文にします。2つの文の重なる語句は❶のpeople（人々）と❷のThey（彼ら）で、先行詞はpeopleです。このTheyを主格の関係代名詞whoにして、who want to learn Japanese（日本語を学びたがっている）をpeopleの直後に置けば文が完成します。

【解答】 Bali is an island that is famous for its culture.

日本語の1文を、日本語で2文に分けてみましょう。「バリはその文化で有名な島だ」は、❶「バリは島だ」と❷「（それは）その文化で有名だ」の2つの文に分けることができます。❶はBali is an island.、❷はIt is famous for its culture.で表せます。❶の文のan islandを先行詞にし、❷のItを関係代名詞のthatに替え、that is famous for its cultureをan islandの直後に置けば文が完成します。

Listen 》 解説を読んだら、**MP3-148**で左ページの英文を聞いてみよう。

【解答と訳】 The girl that David likes is very charming.
（デイビッドが好きなその女の子はとても感じがいい）

2つの文の重なる語句を見つけ、関係代名詞に導かれた文を先行詞の直後に置いて1つの文にします。2つの文の重なる語句は❶のThe girl（その女の子）と❷のher（彼女を）で、先行詞はThe girlです。このherを目的格の関係代名詞thatにして、that David likesのようにthatを文頭に置き、The girlの直後に入れれば文が完成します。このthatは省略可能です。

【解答】 The cake my mother made was delicious.

日本語の1文を、日本語で2文に分けてみましょう。問題文の日本語は、❶「（その）ケーキはとてもおいしかった」、❷「私の母がそれを作った」に分けられます。❶はThe cake was delicious.、❷はMy mother made it.で表せます。❶のThe cakeを先行詞にし、❷のitを関係代名詞にしますが、カッコ内に関係代名詞がないことに注意しましょう。ここでは関係代名詞は省略されていると考え、The cakeの後にmy mother madeを入れて文を完成させます。

☐ E097 私はあなたに韓国語を教えることができる人を知っている。

I (someone / teach / can / who / know) you Korean.

▶

☐ Korean：韓国語

☐ E098 インドネシアは自然の美しさで有名な国だ。

Indonesia is (for / is / a country / that / famous) its natural beauty.

▶

☐ Indonesia：インドネシア　☐ be famous for A：Aで有名である　☐ natural beauty：自然の美しさ

☐ E099 私がそこで会った人々はとても親切だった。

The (there / I / that / were / met / people) very nice.

▶

☐ nice：親切な

☐ E100 彼女は私がこれまでに愛した唯一の女性だ。

She is (have / only / ever / woman / the / I) loved.

▶

☐ only：唯一の

☐ E101 これらは私が沖縄で撮った写真です。

These are (took / that / pictures / I) in Okinawa.

▶

☐ E102 私が今読んでいる本はとても面白い。

(reading / book / am / the / I) now is very interesting.

▶

Chapter 17の学習の仕上げとして、章末問題にチャレンジ！ できなかった問題があったら、Chapter 17をもう1度復習しておこう。それでは、さっそくスタート！

【解答】 I know someone who can teach you Korean.

関係代名詞に導かれた文に修飾される（代）名詞（＝先行詞）を探しましょう。ここでは、代名詞のsomeone（誰か、ある人）が先行詞で、関係代名詞whoに導かれたwho can teach you Korean（あなたに韓国語を教えることができる）に修飾されています。

【解答】 Indonesia is a country that is famous for its natural beauty.

先行詞が「物」の場合、主格の関係代名詞はwhichまたはthatが用いられます。正解文では、a countryが先行詞で、that is famous for its natural beauty（自然の美しさで有名だ）がa countryを修飾しています。

【解答】 The people that I met there were very nice.

先行詞が「人」の場合、目的格の関係代名詞はthat（またはwho、whom）が用いられます。ここでは、The people（その人々）をthat I met there（私がそこで会った）が修飾しています。

【解答】 She is the only woman I have ever loved.

目的格の関係代名詞はしばしば省略されます。カッコ内に目的格の関係代名詞のthatがないことに注意しましょう。ここではthe only woman（唯一の女性）を先行詞とし、それを(that) I have ever loved（私がこれまでに愛した）が修飾する形にします。

【解答】 These are pictures that I took in Okinawa.

先行詞が「物」の場合、目的格の関係代名詞はwhichまたはthatが用いられます。ここでは、that I took in Okinawa（私が沖縄で撮った）が、先行詞のpictures（写真）修飾しています。

【解答】 The book I am reading now is very interesting.

先行詞が物の場合も、目的格の関係代名詞はしばしば省略されます。カッコ内に目的格の関係代名詞のwhichまたはthatがないことに注意しましょう。ここでは、(which [that]) I am reading now（私が今読んでいる）が、先行詞のThe book（その本）を修飾しています。

Chapter 18

前置詞

いよいよ最後の Chapter 18 です！ 前置詞はこれまでも例文や問題文で多く登場しましたが、ここでは特に用法に注意したいものをまとめました。本書も、残り2日です！

英語でコレ言える？

私たちは車で京都に行った。
We went to Kyoto (　) car.

答えは Rule 77でチェック！

最後のChapter 18では、注意すべき前置詞の使い分けをチェック。今日は時を表す前置詞を見ていこう。残すところあと2日！

☐ Rule 75 | 時を表す前置詞1

☐ 75-1 『〜以来』を表す since

❶ **He has lived in Tokyo since last year.**
　　　　　　　　　　　　　　　　　　　O

（彼は昨年以来東京に住んでいる）

❷ **I haven't seen him since then.**
　　　　　　　　　　　　　　　　O

（私はその時以来彼に会っていない）

☐ 75-2 『〜の間』を表す for

She has worked for the company for 10 years.
　　　　　　　　　　　　　　　　　　　　　　O＝期間の長さ

（彼女はその会社に10年間勤めている）

☐ work for A：A（会社など）に勤めている

☐ Rule 76 | 時を表す前置詞2

☐ 76-1 『〜の間中』を表す during

The ski resort is busy during the winter.
　　　　　　　　　　　　　　　　　　　O＝特定の期間

（そのスキーリゾートは冬の間にぎやかだ）

☐ resort：リゾート（地）、行楽地　☐ busy：（場所が）にぎやかな、混雑した

☐ 76-2 『〜まで』を表す until

❶ **The meeting continued until midnight.**
（その会議は夜の12時まで続いた）

❷ **Please wait until tomorrow.**
（明日までお待ちください）

☐ continue：続く　☐ midnight：夜の12時、真夜中

Rule 75
▼
Rule 76

Chapter 1
主語と動詞

Chapter 2
文型

Chapter 3
文の種類

Chapter 4
時制

Chapter 5
助動詞

Chapter 6
形容詞

Chapter 7
代名詞

Chapter 8
副詞

Chapter 9
不定詞

Chapter 10
動名詞

Chapter 11
分詞

Chapter 12
受動態

Chapter 13
疑問詞

Chapter 14
比較

Chapter 15
接続詞

Chapter 16
仮定法過去

Chapter 17
関係代名詞

Chapter 18
前置詞

Check 1 Ruleをチェック!

Listen 》 解説を読んだら、**MP3-149**で左ページの英文を聞いてみよう。

前置詞は主に名詞（相当語句）の前に置かれ、「前置詞＋名詞」の固まりで時・場所・理由・目的などを表します。前置詞の後に来る語句を前置詞の目的語（O）と呼びます [Rule 02-2]。since（〜以来、〜から）は、過去の起点から、ある事柄や状態が継続していることを表し、主に現在完了時制 [Rule 19-2] で用いられます。❶ではsince last yearで「昨年以来」、❷ではsince thenで「その時以来」を表しています。

for（[期間の長さ]の間、〜にわたって）は、ある事柄や状態がその期間継続していることを表します。forの後には、期間の長さを表す語句が来ます。例文では、「10年間（for 10 years）」その会社に継続して勤めていることを表しています。

Listen 》 解説を読んだら、**MP3-151**で左ページの英文を聞いてみよう。

during（[特定の期間]の間中、〜の間に）は、その期間にある状態が続くことや、ある事柄が起きることを表します。for（[期間の長さ]の間、〜にわたって）[Rule 75-2] はfor two months（2カ月間）、for a few years（数年間）など、数量やa fewなどを伴った期間を目的語に取るのに対し、duringは例文のduring the winter（冬の間中）、during the vacation（休暇の間中）のように「特定の期間」を目的語に取ります。

untilは「〜まで（ずっと）」という継続を表し、ある状態が持続・継続していることを表す動詞とともによく用いられます。❶ではcontinue（続く）、❷ではwait（待つ）という継続を表す動詞が使われています。

Check 2 Exerciseにチャレンジ!

☐ Rule 75 Exercise | 時を表す前置詞1

☐ 75-1 日本語の内容に合うように空所に入る語を①～④から1つ選ぼう。

彼女は今朝から勉強し続けている。

She has been studying (   ) this morning.

① at ② before ③ with ④ since

☐ 75-2 日本語の内容に合うように空所に入る語を①～④から1つ選ぼう。

私たちはそのホテルに1週間滞在した。

We stayed at the hotel (   ) a week.

① at ② by ③ for ④ from

☐ stay at A：A（ホテルなど）に滞在する、泊まる

☐ Rule 76 Exercise | 時を表す前置詞2

☐ 76-1 日本語の内容に合うように空所に入る語を①～④から1つ選ぼう。

私は夏休みの間にニュージーランドへ行った。

I went to New Zealand (   ) the summer vacation.

① during ② for ③ since ④ between

☐ 76-2 日本語の内容に合うようにカッコ内の語句を並べ替えよう。

私たちは午後8時までここにいるだろう。

We'll (here / 8 p.m. / until / be).

Chapter 1
主語と動詞

Chapter 2
文型

Chapter 3
文の種類

Chapter 4
時制

Chapter 5
助動詞

Chapter 6
形容詞

Chapter 7
代名詞

Chapter 8
副詞

Chapter 9
不定詞

Chapter 10
動名詞

Chapter 11
分詞

Chapter 12
受動態

Chapter 13
疑問詞

Chapter 14
比較

Chapter 15
接続詞

Chapter 16
仮定法過去

Chapter 17
関係代名詞

Chapter 18
前置詞

Check 3 Pointを押さえてフィニッシュ！

Listen)) 解説を読んだら、**MP3-150**で左ページの英文を聞いてみよう。

【解答】❹

since（〜以来、〜から）は過去の起点からの継続を表します。選択肢の意味は、それぞれ❶「(時刻) に」、❷「〜より前に」、❸「〜と一緒に」、❹「〜以来」です。ここでは「今朝から（since this morning）」勉強するという動作が継続していることを表しています。

【解答】❸

for（[期間の長さ] の間、〜にわたって）は、現在完了形のほか、過去形や、現在形、未来形でも用いられます。現在完了形では現在までの間継続していることを、過去形では過去のある期間継続していたことを表します。問題文では過去の「1週間（for a week）」滞在していたことを表しています。選択肢の意味は、それぞれ❶「(時刻) に」、❷「〜までに (は)」、❸「〜の間」、❹「〜から」です。

Listen)) 解説を読んだら、**MP3-152**で左ページの英文を聞いてみよう。

【解答】❶

during（[特定の期間] の間中、〜の間に）は「特定の期間」を、forは「期間の長さ」を目的語に取ります。問題文では空所の後はthe summer vacation（夏休み）と「特定の期間」が来ているので、❶が正解になります。❹のbetweenも「〜の間に」を意味しますが、「(2つのもの) の間に」を表すので、ここでは使えません。

【解答】We'll be here until 8 p.m.

until（〜まで）は、ある状態の継続を表します。文頭にWe'll（We willの短縮形）があるので、これに続くのはbe動詞の原形のbeになります。さらに「ここに」を表すhere、「午後8時まで」を表すuntil 8 p.m.を置けば文が完成します。

いよいよ今日で『キク中学英文法』も最終日。ここまで学習を続けてくれて本当にありがとう！　We're proud of you!!

☐ Rule 77 | その他の前置詞1

☐ 77-1 『〜のように［な］』を表す like

❶ I want to be like him in the future.
（私は将来彼のようになりたい）

❷ The sisters look like each other.
（その姉妹はお互いに似ている）

☐ in the future：将来（は）　☐ look like A：Aに似ている　☐ each other：お互い

☐ 77-2 『（交通手段）で』を表す by

We went to Kyoto by car.

0＝冠詞はつかない

（私たちは車で京都に行った）

☐ Rule 78 | その他の前置詞2

☐ 78-1 『〜として』を表す as

❶ Paris is known as the City of Light.
（パリは光の都として知られている）

❷ She has worked as a doctor for many years.
（彼女は長年、医師として働いている）

☐ be known as A：Aとして知られている　☐ City of Light：(the 〜) 光の都（フランスの首都パリの愛称）　☐ for many years：長年

☐ 78-2 『〜について』を表す about

❶ Please tell me about yourself.
（あなたについて私に話してください）

❷ The book is about climate change.
（その本は気候変動に関するものだ）

☐ tell A about B：AにBについて話す　☐ climate change：気候変動

Chapter 1
主語と動詞

Chapter 2
文型

Chapter 3
文の種類

Chapter 4
時制

Chapter 5
助動詞

Chapter 6
形容詞

Chapter 7
代名詞

Chapter 8
副詞

Chapter 9
不定詞

Chapter 10
動名詞

Chapter 11
分詞

Chapter 12
受動態

Chapter 13
疑問詞

Chapter 14
比較

Chapter 15
接続詞

Chapter 16
仮定法過去

Chapter 17
関係代名詞

Chapter 18
前置詞

Check 1 Ruleをチェック!

Listen 》 解説を読んだら、**MP3-153**で左ページの英文を聞いてみよう。

前置詞のlikeは「〜のように [な]、〜に似ている」を表します。動詞のlike (〜が好きである) との違いに注意しましょう。❶では、like himで (彼のように) を表しています。❷のlook like Aは「Aのように見える」→「Aに似ている」を意味します。

byは「(交通手段) で」を表します。例文ではby carで「車で」を表しています。car (車) は可算名詞 [🔲 Rule 04-1] ですが、この用法では冠詞がつかないことに注意しましょう。by car以外にも、by train [plane, bus, bicycle] (電車 [飛行機、バス、自転車] で) も押さえておきましょう。

Listen 》 解説を読んだら、**MP3-155**で左ページの英文を聞いてみよう。

asは「〜として」を表します。多くの場合、asの後には役割や職業を表す語句が入ります。❶ではas the City of Lightで「光の都として」、❷ではas a doctorで「医師として」を表しています。❶のbe known as A (Aとして知られている) は熟語として覚えておきましょう。

aboutは「〜について、〜に関して」を表します。learn about A (Aについて学ぶ)、hear about A (Aについて聞く)、think about A (Aについて考える)、talk about A (Aについて話す)、worry about A (Aについて心配する) のように、「動詞+about」の形でもよく使われます。

➕α 副詞のabout : for about 30 minutes (約30分間) のように、「約、およそ、〜くらい」を表します。

Day 39

Check 2 Exerciseにチャレンジ！

☐ Rule 77 Exercise | その他の前置詞1

☐ 77-1 日本語の内容に合うようにカッコ内の語句を並べ替えよう。

彼はイチローのような野球選手になりたいと思っている。

He wants to be (like / player / Ichiro / baseball / a).

▶

☐ 77-2 正しい英文になるように空所に入る語句を❶〜❹から1つ選ぼう。

They came here by (　　　).

❶ bicycle　❷ bicycles　❸ a bicycle　❸ the bicycle

▶

236 ▸ 237

☐ Rule 78 Exercise | その他の前置詞2

☐ 78-1 日本語の内容に合うようにカッコ内の語句を並べ替えよう。

私は妻への誕生日プレゼントとしてその指輪を買った。

I bought the ring (present / as / birthday / a) for my wife.

▶

☐ ring：指輪

☐ 78-2 日本語の内容に合うようにカッコ内の語句を並べ替えよう。

私は昨夜タイについてのテレビ番組を見た。

I watched (about / TV / a / Thailand / program) last night.

▶

☐ TV program：テレビ番組　☐ Thailand：タイ

Listen 》) 解説を読んだら、**MP3-154**で左ページの英文を聞いてみよう。

【解答】 He wants to be a baseball player like Ichiro.

A like Bで「BのようなA」を表します。ここでは He wants to be（彼は〜に
なりたいと思っている）までは示されているので、この後に「B（イチロー）
のようなA（野球選手）」に当たるa baseball player（= A）like Ichiro（=
B）を置けば文が完成します。

【解答と訳】 ❶ 彼らは自転車でここに来た。

「（交通手段）で」を表す場合、byの目的語に冠詞はつけません。従って、正
解は❶です。

Listen 》) 解説を読んだら、**MP3-156**で左ページの英文を聞いてみよう。

【解答】 I bought the ring as a birthday present for my wife.

「前置詞＋名詞」の固まりで、伝えたい情報を加えていきましょう。ここでは
「as＋a birthday present（誕生日プレゼントとして）」と「for＋my wife
（私の妻への）」という2つの「前置詞＋名詞」が使われています。

【解答】 I watched a TV program about Thailand last night.

A about Bで「BについてのA」を表します。この文ではa TV program about
Thailandで「タイについてのテレビ番組」を表しています。

□ E103 あなたは果物や野菜のような健康によい食べ物を食べるべきだ。

You should eat (fruits / food / like / and / healthy) vegetables.

▶

□ healthy：健康によい

□ E104 先月以来雨が降っていない。

It has not rained (　　　) last month.

❶ at　❷ before　❸ for　❹ since

▶

□ E105 彼はバスで通学している。

He (bus / school / goes / a / by / to). (1語不要)

▶

□ go to school：通学する

□ E106 私のおばはロサンゼルスに20年間以上住んでいる。

My aunt has lived in Los Angeles (more / years / 20 / for / than).

▶

□ Los Angeles：ロサンゼルス　□ more than A：Aより多い、A以上の

□ E107 その会社は彼女を秘書として採用した。

The company (hired / a secretary / her / as).

▶

□ hire：（従業員など）を雇う、採用する　□ secretary：秘書

□ E108 私は夜間に数回目を覚ます。

I wake up several times (　　　) the night.

❶ when　❷ since　❸ between　❹ during

▶

□ wake up：目を覚ます　□ several times：数回

Chapter 18の学習の仕上げとして、章末問題にチャレンジ！ できなかった問題があったら、Chapter 18をもう1度復習しておこう。それでは、さっそくスタート！

E103
▼
E108

【解答】You should eat healthy food like fruits and vegetables.

A like Bで「BのようなA」を表します。ここでは、healthy food like fruits and vegetablesで「果物や野菜のような健康によい食べ物」を表しています。

【解答】④

since（〜以来、〜から）は、過去の起点から、ある事柄や状態が継続していることを表し、主に現在完了時制で用いられます。ここでは、先月以来（since last month）、雨が降っていない状態が続いていることを表しています。

【解答】He goes to school by bus.

「（交通手段）で」を表すbyの後の名詞は無冠詞になります。ここではby busで「バスで」を表し、aが不要になります。「通学する」を表す場合も普通はschoolに不定冠詞のaはつきません。

【解答】My aunt has lived in Los Angeles for more than 20 years.

forは「（期間の長さ）の間、〜にわたって」を表し、forの後には期間の長さを表す語句が入ります。ここでは、forの後にmore than 20 years（20年以上）が来ています。

【解答】The company hired her as a secretary.

asは「〜として」を表し、asの後には役割や職業を表す語句が多く入ります。ここでは、asの後に職業名のa secretary（秘書）が来ています。

【解答】④

during（〜の間中、〜の間に）は、「特定の期間」を目的語に取り、その期間にある状態が続くことや、ある事柄が起きることを表します。ここでは、the night（夜）という期間に、「数回目を覚ます（wake up several times）」ことを表しています。

全部覚えられるかな？

Can you memorize all
of them?

▶

Appendix

＊不規則変化をする主な動詞がまとめられて
　います。時間に余裕があるときなどに参照
　して、身につけておきましょう。

Appendix

不規則変化動詞表

現在形（意味）	過去形	過去分詞形
A - A - A型		
cut（〜を切る）	cut	cut
hit（〜を打つ）	hit	hit
put（〜を置く）	put	put
A - A - B型		
beat（〜を負かす）	beat	beaten
A - B - A型		
become（〜になる）	became	become
come（来る）	came	come
run（走る）	ran	run
A - B - B型		
bring（〜を持って来る）	brought	brought
build（〜を建てる）	built	built
buy（〜を買う）	bought	bought
catch（〜を捕らえる）	caught	caught
feel（〜を感じる）	felt	felt
find（〜を見つける）	found	found
fight（戦う）	fought	fought
get（〜を得る）	got	got [gotten]
have [has]（〜を持っている）	had	had
hear（〜を聞く）	heard	heard
hold（〜を持つ）	held	held
keep（〜を保つ）	kept	kept
leave（〜を去る）	left	left
lead（〜を導く）	led	led
lend（〜を貸す）	lent	lent
lose（〜を失う）	lost	lost
make（〜を作る）	made	made
mean（〜を意味する）	meant	meant
meet（〜に会う）	met	met
pay（〜を払う）	paid	paid
read（〜を読む）*	read	read
say（〜と言う）	said	said
sell（〜を売る）	sold	sold
send（〜を送る）	sent	sent
shine（輝く）	shone	shone
sit（座る）	sat	sat

*過去形と過去分詞形は /red/ と発音

現在形（意味）	過去形	過去分詞形
sleep（眠る）	slept	slept
spend（〜を過ごす）	spent	spent
stand（立つ）	stood	stood
teach（〜を教える）	taught	taught
tell（〜を話す）	told	told
think（〜と思う）	thought	thought
understand（〜を理解する）	understood	understood
win（〜に勝つ）	won	won
A - B - C型		
be [am, is, are]（〜である）	was [were]	been
begin（〜を始める）	began	begun
break（〜を壊す）	broke	broken
choose（〜を選ぶ）	chose	chosen
do [does]（〜をする）	did	done
draw（〜を描く）	drew	drawn
drink（〜を飲む）	drank	drunk
drive（〜を運転する）	drove	driven
eat（〜を食べる）	ate	eaten
fall（落ちる）	fell	fallen
fly（飛ぶ）	flew	flown
forget（〜を忘れる）	forgot	forgotten
give（〜を与える）	gave	given
go（行く）	went	gone
grow（成長する）	grew	grown
know（〜を知っている）	knew	known
ride（〜に乗る）	rode	ridden
ring（鳴る）	rang	rung
rise（昇る）	rose	risen
see（〜を見る）	saw	seen
show（〜を示す）	showed	shown [showed]
sing（歌う）	sang	sung
sink（沈む）	sank	sunk
speak（話す）	spoke	spoken
swim（泳ぐ）	swam	swum
take（〜を取る）	took	taken
throw（〜を投げる）	threw	thrown
wake（目が覚める）	woke	woken
wear（〜を着ている）	wore	worn
write（〜を書く）	wrote	written

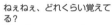

ねぇねぇ、どれくらい覚えてる？

Hey, how many do you remember?

Index

*本書で扱っている文法項目と語句・表現を、和文Index、英文Indexの順で掲載しています。見出しの横の数字は、何もついていないものはRuleの番号、Eで始まるものはEnd-of-Chapter Exercise部の番号を表します。青字の数字は、主要解説のある個所を示します。

和文 Index

英文 Index

聞いて覚えるコーパス英文法

キク中学英文法

発行日	2023年4月19日（初版）
	2023年6月7日（第2刷）
企画・編集	株式会社アルク文教編集部
編著	一杉武史
校正	Peter Branscombe、原弘子、濱田啓太
アートディレクター	細山田光宣
デザイン	小野安世（細山田デザイン事務所）
ナレーション	Chris Koprowski、Julia Yermakov、高橋大輔、水月優希
イラスト	shimizu masashi（gaimgraphics）
音楽制作	H. Akashi
録音・編集	露木輝（有限会社 ログスタジオ）、高木弥生
DTP	株式会社 秀文社
印刷・製本	日経印刷株式会社
発行者	天野智之
発行所	株式会社アルク

〒102-0073　東京都千代田区九段北4-2-6 市ヶ谷ビル
Website：https://www.alc.co.jp
中学・高校での一括採用に関するお問い合わせ：
koukou@alc.co.jp（アルクサポートセンター）

地球人ネットワークを創る

アルクのシンボル
「地球人マーク」です。